JN412416

I

FIRST STEPS FOR NEW DISCIPLES

신앙의 여정

제1권 **시작**하는 단계

학습자용

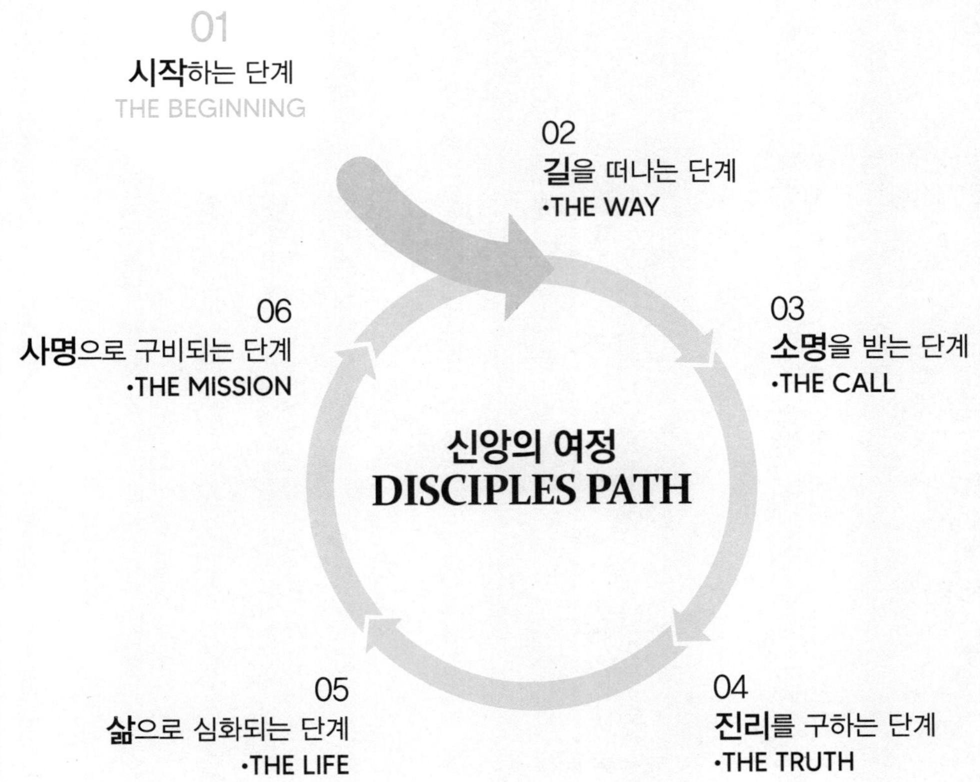

도서출판 디사이플

신앙의 여정(Disciples Path)
제 1권 시작하는 단계(훈련생용)

2021년 3월 19일 초판 1쇄 발행
지은이 | 에릭 그레거 (라이프웨이 부사장)
옮긴이 | 조충현
펴낸이 | 이요섭
펴낸데 | 도서출판 디사이플
서울특별시 영등포구 국회대로 76길 10
기 획 | (02)2643-7390
영 업 | (02)2643-7290~1 Fax (02)2643-1877
등 록 | 2018. 2. 6. 제 2018-000010호

기획,편집 | 강성모
디자인 | 김한솔
제 작 | 이인애
영 업 | 김승훈, 김창윤, 이대성

ISBN 979-11-90964-11-1 03230
값 8,000원

목 차

이 책을 사용하는 방법

1 권

이 책을 사용하는 방법

신앙의 여정(Disciples Path)을 시작하는 여러분을 환영합니다. 앞으로 우리는 약 36주 동안 제자를 삼는 것과 이것이 반복되어 가는 과정을 다루는 성경 이야기들을 살펴보게 될 것입니다. 이 과정을 통해 여러분은 그리스도를 따르는 것이 어떤 의미인지를 더 잘 이해하게 될 것입니다. 우선 이 교재를 최대한 잘 활용하기 위하여 다음과 같은 지침과 제언을 숙지해 주시기 바랍니다.

그룹 활동

제자훈련은 최소한 두 명(인도자와 조원)이 그룹으로 함께합니다. 신앙의 여정(Disciples Path) 각 과에는 그룹을 위한 활동과 토론이 아래와 같이 제시되어 있습니다.

시작하기

이 부분은 그룹 활동의 시작 단계입니다. 서로 공유할 수 있는 내용을 나눔으로써 여러분은 마음을 열고, 토론에 임할 수 있습니다. 먼저 이전 과의 내용과 최근 제자로서 경험한 일들을 떠올려 보십시오. 그리고 기도를 합니다. 이곳에서 여러분은 이번 과의 주요 주제를 이해하는데 도움이 되는 실제적인 예화를 접하게 될 것입니다.

성경이야기

이 교재 '신앙의 여정'(Disciples Path)을 진행하면서 접하게 되는 이야기와 해설은 여러분이 성경의 내용을 더욱 잘 이해할 수 있도록 도울 것입니다. 각 과의 그룹 토론 시간은 크게 두 부분, 곧 성경 관찰과 성경 해설로 구성됩니다. 성경 관찰 부분은 성경 본문을 소개하고, 간단한 토론을 위해 본문과 관련된 몇 개의 질문을 제공합니다. 이때 조원들은 가급적 성경 본문을 소리 내어 읽어 주십시오. 성경 해설 부분은 실제적으로 도움이 되는 해설과 토론 질문을 제공하는데, 이 과정을 통해 여러분은 성경이 가르치는 진리에 더욱 친숙해질 수 있습니다. 교재를 더 잘 활용하기 위해서 제공된 해설을 가지고 심도 깊게 토론해 보시길 바랍니다. 해설을 읽고 토론 질문을 다룰 때에는, 탐구하고 있는 진리가 여러분의 일상생활에 어떤 영향을 미치게 될지를 항상 염두에 두십시오.

친숙해지기

각 과의 마지막 그룹 활동은 성경 관찰에서 소개했고, 성경 해설에서 상세하게 설명한 성경의 원리를 여러분의 삶 속에 적용할 수 있도록 도울 것입니다. 이곳에서 여러분은 다양한 학습방법을 통해 개인적인 차원에서 성경 본문과 만나게 될 것입니다.

주간 활동

이 교재 '신앙의 여정'(Disciples Path)의 각 과에는 다음 번 모임 때까지 여러분이 개인적으로 준비해야 할 과제가 소개되어 있습니다. 그 내용은 다음과 같이 세 가지의 항목으로 나누어 볼 수 있습니다.

예 배: 이 부분은 예배와 경건한 삶에 관한 내용을 담고 있습니다. 이러한 활동은 여러분을 여러 가지 의미 있는 방식으로 하나님과 연결해 주고, 하나님과 더욱 친밀한 관계를 가질 수 있도록 도울 것입니다.

개인학습: 이 부분은 여러분이 개인적으로 학습해야 할 내용과 관련이 있습니다. 그룹 토론을 통해 알게 된 성경의 진리와 원리를 더 깊이 이해하는데 필요한 도움을 얻게 될 것입니다.

적 용: 이 부분은 실제적인 적용에 관한 것입니다. 여러분은 학습한 내용과 하나님과의 만남을 기초로 하여 어떤 구체적인 행동을 하도록 안내를 받게 될 것입니다.

메 모: 성경 읽기를 제외하고, 개인 활동 영역에서 소개하게 될 과제들은 선택사항입니다. 아울러 각 과에 포함된 '주간 활동 점검표'를 활용하여 인도자와 함께 여러분에게 최적화된 훈련계획을 세운다면, 여러분의 개인학습의 효과는 극대화될 것입니다.

추가적인 제언

매번 진행되는 그룹 토론과 멘토링을 위해서 여러분은 교재를 미리 읽어 오셔야 합니다. 정독이 가장 좋겠지만, 그럴 수 없는 상황이라면, 시작하기와 성경이야기 부분을 빠르게 읽어 오시길 바랍니다.

그룹 토론과 개인 활동에 적극적으로 참여하십시오. 그렇게 할수록 여러분은 더 많은 유익을 얻을 것입니다. 필요하다면 언제든지 주저하지 말고 질문하십시오.

각 과의 친숙해지기 부분에서 여러분은 다양한 활동과 영적 훈련을 하게 될 것입니다. 그룹 활동 시간에 다른 사람들을 잘 관찰해 보기도 하고, 질문도 던져 보십시오. 이러한 활동들을 여러분 개인의 영적인 삶에 접목할 수 있게 될 것입니다. 터치를 목양이라고 부릅니다. 그러므로 목양 사역을 감당하고 있는 목회자들은 성도로 하여금 영혼의 터치를 경험케 하는 하나님의 통로라고 할 수 있습니다.

1과

무슨 일이 일어난 것일까?

여러분은 여러분을 가족의 품으로
돌아오게 하려고 끊임없이 일하시는
열정적인 하나님에 의해 창조되었습니다.

시작하기

묵상

이번 과에서 우리는 예수님의 제자가 되는 것이 가지는 의미를 살펴볼 것입니다. 여러분은 예수님을 믿은 지 오래되었을 수도 있고, 최근에 믿음의 첫발을 내디뎠을 수도 있을 것입니다. 어떤 경우이든 여러분은 자신이 주체적으로 예수님을 따르게 되었다고 생각하겠지만, 하나님은 훨씬 오래 전부터 이 일을 위해 여러분의 삶 속에서 일 해오셨고, 여러분을 추적해 오셨습니다. 잠시 시간을 내어 여러분이 만난 하나님에 대해 생각해 보십시오.

Q 처음으로 하나님에 대해 듣게 된 것은 언제입니까?

Q 처음으로 하나님께 기도했던 때는 언제입니까?

Q 당시에는 깨닫지 못했지만 하나님이 여러분의 인생에 함께 하셨고, 일하고 계셨다고 생각하게 해 준 사건이 있었습니까?

기도

기도는 우리가 하나님과 소통하는 여러 방법 중 하나입니다. 본질적으로 기도는 단순히 하나님과의 대화입니다. 다시 말해 기도는 하나님께 여러분의 마음을 털어놓고, 적극적으로 그분의 대답을 듣는 것입니다. 기도를 처음 배울 때, 여러분은 뭔가 좀 불편하고, 이상하기도 하며, 어렵다는 느낌을 가질 수도 있습니다. 그렇더라도 걱정하지는 마십시오. 그것은 매우 자연스러운 현상입니다.

하나님이 누구신지 알기 위해 잠시 머리를 숙이고 하나님과 시간을 보내 보십시오. 산만함을 피하기 위해 눈을 감으십시오. 기도를 처음 해볼지도 모르는 여러분을 위해 다섯 단계로 된 다음의 안내 지침을 소개해 드립니다. 다른 기도 방법들에 대해서는 다음 기회에 살펴볼 것입니다.

- 하나님을 불러 보십시오. 하나님을 어떻게 부를지는 하나님과 나누게 될 대화의 내용에 달려 있습니다. 그분은 어떤 역할이라도 하실 수 있습니다(아버지, 친구, 전능자, 구원자, 구속자 등).

- 감사한 것들을 아뢰어 보십시오.

- 여러분의 관심사에 대해 아뢰어 보십시오.

- 오늘 공부하는 것들을 이해할 수 있도록 도와달라고 간구해 보십시오.

- 그분의 응답을 기다리는 시간을 가져보십시오.

도입

새 창조 · 구원 · 거듭남 · 구속

이 용어들은 성경이 회심을 묘사하기 위해 채택한 표현들입니다. 회심은 구원이라는 위대한 선물에 대해 우리가 나타내 보이는 반응이고, 구원을 통해 우리는 하나님의 창조 의도에 미치지 못하는 존재가 되어 버린 것에 대해 용서를 받습니다. 예수님은 제자들을 불러, "나를 따르라"고 말씀하셨고, 나중에는 "거듭나야 한다"고 설명해 주셨습니다. 이러한 표현들이 의미하는 바는 무엇일까요?

궁극적으로 구원이나 거듭남은 여러분이 구습을 버리고, 하나님을 의지하게 되었음을 의미합니다. 하나님은 여러분과의 관계를 시작하셨고, 이 관계를 경험할 수 있는 길을 여러분에게 제안하셨으며, 여러분은 이에 응답했습니다. 여러분은 과거로부터 하나님께로 방향을 돌이켰고, 죄에서 해방되어, 하나님 보시기에 의로워졌습니다. 여러분은 이제 하나님의 원수인 사탄으로부터 건짐을 받아 하나님의 가족으로 입양되었습니다.

Q 고린도후서 5장 17절을 읽어봅시다. 여러분이 버리기를 원하는 "이전 것"은 무엇입니까?

Q 여러분의 삶 속에 예수님께서 새롭게 해주시기를 바라는 것은 무엇입니까?

하나님의 은혜와 자비를 경험하는 방법은 사람마다 다릅니다. 여러분은 인생의 한 모퉁이를 돌다가, 문득 여러분 앞에 계신 하나님을 발견했다고 느낄 수도 있고, 혹은 등 뒤에서 그분이 다가와 여러분을 잡아주셨다고 생각할 수도 있습니다. 그러나 여러분이 어떻게 느끼고 있든지 관계없이, 이러한 이야기들에는 몇 가지 공통된 요소들—믿는 대상의 변화, 충성을 바치는 대상과 방향의 전환 등이 포함되어 있습니다. 하나님은 용서하시고, 구원하시고, 회복하시고, 화목케 하십니다.

지금까지 살아오면서 여러분이 '따랐던' 사람이 있었습니까? 여러분은 다양한 방법으로 누군가를, 혹은 무엇인가를 따를 수 있습니다. 대중매체에 등장하는 어떤 사람을 따를 수도 있고, 좋아하는 스포츠 팀이나 유명 인사에 대한 소문을 따를 수도 있으며, 어떤 철학이나 사상을 따를 수도 있습니다. 그러나 우주의 창조자, 하나님이신 예수 그리스도께서 "나를 따르라"고 말씀하실 때[마 4:19], 우리는 직관적으로 이것은 뭔가 크게 다르다는 것을 깨닫습니다.

성경 관찰

어느 날 시몬 베드로가 그날의 일과를 마친 뒤 그물을 씻고 있었습니다. 갈릴리 호수에서 물고기를 한 마리도 잡지 못한 채 말입니다. 그때 예수께서 그의 배에 오르셨습니다. 예수님은 시몬 베드로에게 다소 비상식적인 지시를 내리셨는데, 그 지시를 따랐을 때 나타난 기적은 한 어부로 하여금 예수님의 발 앞에 꿇어 엎드리게 하였습니다. 예수께서는 시몬 베드로에게 호수로 돌아가 다시 그물을 던지라고 말씀하셨습니다. 그는 예수님의 말씀대로 순종했습니다. 그러자 곧 그물은 물고기로 가득 채워졌습니다. 어마어마한 양의 물고기로 배가 물에 잠기게 되자, 시몬 베드로는 예수님이 누구인지를 깨닫고, 그분 앞에 무릎을 꿇었습니다.

4 말씀을 마치시고 시몬에게 이르시되 깊은 데로 가서 그물을 내려 고기를 잡으라 5 시몬이 대답
하여 이르되 선생님 우리들이 밤이 새도록 수고하였으되 잡은 것이 없지마는 말씀에 의지하여
내가 그물을 내리리이다 하고 6 그렇게 하니 고기를 잡은 것이 심히 많아 그물이 찢어지는지라 7
이에 다른 배에 있는 동무들에게 손짓하여 와서 도와 달라 하니 그들이 와서 두 배에 채우매 잠
기게 되었더라 8 시몬 베드로가 이를 보고 예수의 무릎 아래에 엎드려 이르되 주여 나를 떠나소
서 나는 죄인이로소이다 하니 9 이는 자기 및 자기와 함께 있는 모든 사람이 고기 잡힌 것으로
말미암아 놀라고 10 세베대의 아들로서 시몬의 동업자인 야고보와 요한도 놀랐음이라 예수께서
시몬에게 이르시되 무서워하지 말라 이제 후로는 네가 사람을 취하리라 하시니 11 그들이 배들을
육지에 대고 모든 것을 버려 두고 예수를 따르니라
[누가복음 5:4–11]

Q 예수님을 따르는 것이 무엇인지를 보여주는 실제적인 예를 여러분의 삶 속에서 찾아 말해 보십시오.

Q 예수님을 따르는 것을 어렵게 만드는 것은 무엇입니까? 어떻게 하는 것이 도움이 될까요?

그리스도인이 된다는 것은 어떤 규칙을 따르는 것이 아니라 한 인격체를 따르는 것이며, 우리를 따라오라고 예수께 요청하는 것이 아니라, 우리가 그분을 따르기로 결단하는 것입니다. 예수님은 멀찍이 서서 우리가 그에게 다가서기 전에 이러저러한 일들을 먼저 해야 한다고 지시하는 분이 아닙니다. 오히려 그분은 우리의 삶 속에 직접 찾아오셔서 더 풍성한 삶으로 우리를 부르십니다.

궁극적으로 예수님을 따른다는 것은 그분이 행하셨던 것을, 그분이 하셨던 방법대로 하는 것과 관련이 있습니다. 단순합니다. 그분이 사랑했던 사람들을 사랑하고, 그분이 섬겼던 사람들을 섬기고, 그분이 하셨던 일들을 우리도 하면 됩니다. 이를 통해 우리는 그분의 성품과 삶, 그리고 그분의 사명을 재현하기 위해 애써야 합니다.

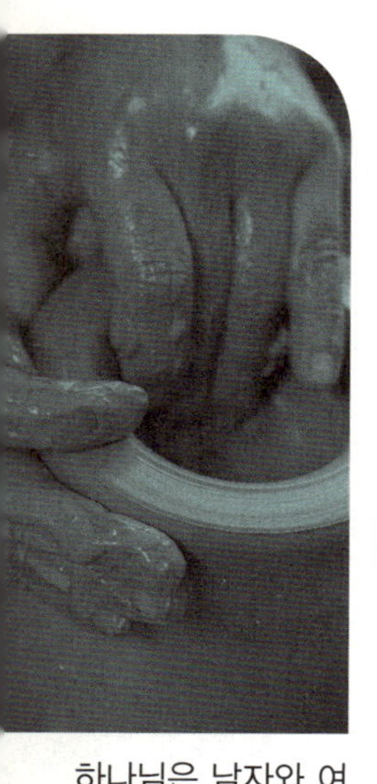

하나님은 남자와 여자를 창조하셨습니다. 자신의 손으로 형체를 만드시고, 자신의 숨결을 불어넣으셨습니다. 하나님이 아담과 하와를 그분과 함께 교제하며, 그분의 창조물을 돌보는 존재로 지으셨습니다.

 성경 해설

창조, 타락, 구속, 그리고 재창조. 이 네 개의 단어는 하나님의 위대한 이야기인 복음을 요약해 주는 표현입니다. 이는 시몬 베드로를 사로잡은 이야기이며, 지금 여러분을 사로잡고 있는 이야기입니다. 우리의 삶은 복음을 배경으로 해야만 제대로 이해될 수 있습니다. 이제 각각의 사건을 살펴보도록 하겠습니다.

창조(Creation) 태초에 하나님은 이 세상을 창조하셨습니다. 하나님께서 말씀하시자, 은하계는 궤도를 돌게 되었고, 극도로 미세한 유기체들도 각각 자리를 잡았습니다. 물은 깨끗했고, 세상은 오염되지 않았으며, 생명체는 완벽했습니다. 이어 하나님은 남자와 여자를 창조하셨습니다. 자신의 손으로 형체를 만드시고, 자신의 숨결을 불어넣으셨습니다. 하나님께서는 아담과 하와를 그분과 함께 교제하며, 그분의 창조물을 돌보는 존재로 지으셨습니다.

Q 하나님을 창조주로 인식하는 것이 중요한 이유는 무엇일까요?

타락(Fall) 이어 사탄이 등장합니다. 사탄은 하나님의 말씀을 왜곡하고, 더 나은 삶을 약속하면서 여자의 마음에 불신의 씨앗을 심었습니다. 하와는 하나님의 선하심과 진실하심을 의심하였고, 하나님과의 관계를 무너뜨리는 위험한 일에 손을 댔습니다. 아담과 하와는 사탄의 거짓말을 믿었고, 하나님을 등졌으며, 창조주로부터 분리된 채로 자신들만의 삶을 추구하게 되었습니다. 죄가 인류를 통해 이 세상에 들어와서, 모든 것을 깨뜨려 버리고 말았습니다. 행동과 태도와 생각으로 하나님의 기대를 저버리는 것이 바로 죄입니다.

Q 죄의 본성과 폐해에 대해 배운 적이 있습니까?

Q 오늘날 죄의 결과는 어떻게 나타나고 있습니까?

폭력, 전쟁, 거짓, 탐욕, 질병 등 완벽했던 창조 세계는 죄와 혼돈과 절망으로 가득하게 되었고, 곧 이기적인 욕망에서부터 벗어나 삶의 의미와 구원을 찾아 헤매는 사람들로 넘쳐나게 되었습니다. 세상은 구원자가 필요했습니다.

모든 피조물은 예수님이 다시 오셔서 깨어진 모든 것을 한 번에 회복시킬 한 위대한 날을 향해 나아가고 있습니다.

수 세기 동안 하나님은 그의 백성을 홀로 버려두지 않으셨습니다. 많은 지도자와 예언자와 제사장을 보내셔서 그들이 하나님과의 관계를 회복할 수 있도록 인도하셨습니다. 하지만 그들은 잘못된 길을 계속해서 고집하며, 사람들이 만든 신에게 미혹되었습니다. 그들에겐 하나님의 완전한 구속이 필요했습니다.

구속(Redemption) 죄가 불러온 끔찍한 결과를 역전시키고, 사탄의 속박에서 사람들을 해방하여, 그들을 하나님 아버지께로 돌아오게 하시려고 예수께서 이 세상에 오셨습니다. 십자가를 짊어지시기 위해서 말입니다. 완전한 하나님이신 예수님은 완벽한 희생제물이 되어, 우리의 죗값을 대신 지불하시고, 그리하여 우리의 삶에 드리웠던 죽음의 저주를 소멸하셨습니다. 또한 완전한 사람이신 예수님은 하나님 앞에서 우리를 완벽하게 대신하실 수가 있었습니다. 우리에게 구속이 임했습니다. 셋째 날 예수님은 죄와 사망을 한 번(once for all)에 이기시고 무덤에서 부활하셨습니다.

- Q 예수님이 완전한 하나님임과 동시에 완전한 사람이라는 사실이 중요한 이유는 무엇입니까?

재창조(Re-creation) 이 이야기는 빈 무덤에서 끝난 것이 아닙니다. 이제 막 시작되었을 뿐입니다. 하나님에 대한 이 위대한 이야기는 온 세상에 흘러넘쳐 사람들의 마음과 삶을 영원히 바꾸어 놓을 것입니다. 모든 피조물은 예수님이 다시 오셔서 깨어진 모든 것을 영단번에 회복하실 한 위대한 날을 향해 나아가고 있습니다.

- Q 하나님에 대한 이 위대한 이야기에 있어서 어떤 부분이 여러분을 놀라게 했습니까? 이유는 무엇입니까?

친숙해지기

예수님을 따른다는 것은 간단히 말해 그분이 행하셨던 것을, 그분이 하셨던 방법대로 하는 것을 의미합니다. 빌립보서 2:5-11을 함께 소리 내어 읽어 보십시오. 본문의 안내를 따라 예수님의 제자로서 우리가 닮아야 하는 그분의 성품과 행동을 빈칸에 적어 보십시오.

빌립보서 2:5-11

5 너희 안에 이 마음을 품으라
곧 그리스도 예수의 마음이니
6 그는 근본 하나님의 본체시
나 하나님과 동등됨을 취할 것
으로 여기지 아니하시고 7 오히
려 자기를 비워 종의 형체를 가
지사 사람들과 같이 되셨고 8
사람의 모양으로 나타나사 자
기를 낮추시고 죽기까지 복종
하셨으니 곧 십자가에 죽으심
이라 9 이러므로 하나님이 그
를 지극히 높여 모든 이름 위에
뛰어난 이름을 주사 10 하늘에
있는 자들과 땅에 있는 자들과
땅 아래에 있는 자들로 모든 무
릎을 예수의 이름에 꿇게 하시
고 11 모든 입으로 예수 그리스
도를 주라 시인하여 하나님 아
버지께 영광을 돌리게 하셨느
니라

예수님의 성품과 행동

....

....

....

....

....

....

....

....

....

기도제목

....

....

....

....

주간활동

하나님의 말씀을 공부하는 것과는 별도로, 인도자와 함께 다음 번 모임에 참석하기 전까지 하게 될 개인적인 연구와 예배, 그리고 적용을 위한 계획을 세워 보십시오. 시간과 개인적인 선호도를 고려하여, 다음에 소개된 선택적 활동 중에서 골라 보시기 바랍니다.

예배

- 성경을 읽으십시오. 18 페이지에 있는 성경읽기표를 완성하십시오.

- 19 페이지에 있는 경건 활동에 참여하며 하나님과 함께 시간을 보내십시오.

- 매일 기도로 하나님을 만나 보십시오. 이 책에서 소개한 기도의 다섯 단계를 활용하여 매일 아침을 기도로 시작해 보십시오. 하루를 마감하는 시간에는 하나님이 가장 가까이 계시다고 느낀 것은 언제인지, 또 하나님이 가장 멀리 계시다고 느낀 것은 언제인지를 생각해 보십시오.

개인학습

- 21 페이지에 있는 "예수께서 이 세상에 오시기까지"를 읽고 여러분의 생각을 정리하십시오.

- 24 페이지에 있는 "예수께서 이 세상에 오신 이유"를 읽고 여러분의 생각을 정리하십시오.

적용

- 교회에 출석하십시오. 예배에 참석하고 목사님의 설교 말씀을 기록해 보십시오.

- 다른 성도들과 교제하십시오. 최근에 그리스도를 만난 동성(同性)의 성도를 만나, 식사를 하거나 차를 마시면서 여러분의 개인적인 경험들을 나누어 보십시오.

- 고린도후서 5장 17절을 암송하십시오. "그런즉 누구든지 그리스도 안에 있으면 새로운 피조물이라 이전 것은 지나갔으니 보라 새 것이 되었도다" 암송한 구절을 적어도 두 사람에게 나누어 보십시오.

- 신앙일기를 써보십시오. 벤자민 프랭클린은 "몽당연필이 최고의 기억력보다 오래 간다"고 했습니다. 여러분이 새롭게 배운 것들과 하나님께서 여러분의 삶 속에 일하시는 방법을 지속적으로 기록해 보십시오. 이 기록은 여러분의 영적인 성장을 점검해 볼 수 있는 훌륭한 도구가 될 것입니다. 하루에 한 가지씩 하나님에 대해 배운 것을 적어 보십시오.

- 기타 :

성경읽기표

이번 주는 마가복음을 읽는 것으로 시작하겠습니다.
여백에는 여러분의 생각과 반응을 적어 보십시오.

1일 마가복음 1:1-15

2일 마가복음 1:16-28

3일 마가복음 1:29-45

4일 마가복음 2:1-17

5일 마가복음 2:18-28

6일 마가복음 3:1-19

7일 마가복음 3:20-35

회개

예수께서 하신 첫 번째 설교는 마태복음 4장 17절에서 찾아볼 수 있습니다. "회개하라 천국이 가까이 왔느니라" 이 말씀은 또한 사도행전에서 베드로가 처음으로 했던 설교의 토대가 됩니다. "베드로가 이르되 너희가 회개하여 각각 예수 그리스도의 이름으로 침(세)례를 받고 죄 사함을 받으라 그리하면 성령의 선물을 받으리니"[행 2:38]

"회개"라는 말을 들으면, 우리는 주로 형벌과 징계를 떠올립니다. 그러나 회개는 우리에게 생명을 주는 것입니다. "정신을 차리라"거나, "나쁜 버릇을 고치라"는 뜻이 아닙니다. 회개는 단순히 죄에서 돌아서서 하나님께로 방향을 바꾸라는 말입니다. 이 말은 모든 것이 이미 준비되어 있음을 암시합니다. 결과적으로 우리는 회개를 통하여 생각과 마음과 행동에 완전한 변화를 경험하지만, 회개의 첫 단계는 방향을 바꾸어 하나님을 바라보는 것입니다.

- 회개란 하나님께 돌아가기 위해 우리가 해야 하는 어떤 것이 아닙니다. 회개는 단지 하나님께로 돌아가는 것입니다. 이러한 정의에 대한 여러분의 생각을 말해 보십시오.

- 잠시 시간을 내어 누가복음 15:11-24를 읽어 보십시오. 탕자의 비유를 읽고 처음으로 드는 생각이나 느낌은 무엇입니까?

이 이야기는 자신의 집과 신분을 버리고, 멀리 길을 떠난 한 남자의 여정을 추적합니다. 그는 결국 타락한 삶을 버리고, 집으로 돌아옵니다. 이것이 회개입니다. 회개는 집으로 돌아오는 것입니다. 집으로 돌아오면 우리는 화를 내며 "내가 그렇게 될 거라 말하지 않았냐"며 꾸짖는 아버지가 아니라, 오히려 우리에게 달려오시는 아버지를 만나게 될 것입니다. 예수님은 회개를 통해 우리에게 단지 행동의 변화를 촉구하시는 것이 아닙니다. 그분은 우리의 마음을 변화시켜 주시고, 우리에게 안식처를 제공해 주십니다. 이것이 주님과 회개에 대해 우리가 믿고 있는 바입니다.

- 그리스도께서 십자가에서 이루신 일을 의지하기 전에 여러분이 의지했던 것은 무엇이었습니까?

본향으로 돌아가는 여정은 십자가 앞에서 회개함으로써 시작됩니다. 인류 역사상 가장 위대한 이야기는 하나님 자신이 죄의 문제를 해결하시려고 이 땅에 오셨다는 것입니다. 십자가에서 예수님은 우리의 모든 죄를 짊어지시고, 죄의 값을 지불하셨습니다. 우리가 본향으로 돌아가는 길을 열어주셨습니다. 이로써 우리는 자녀들을 가족의 품으로 돌아오게 하려고 끊임없이 일하시는 열정적인 하늘 아버지에 의해 창조되었다는 것을 깨닫습니다. 집으로 돌아오신 것을 환영합니다.

• 우리의 삶에 방향 전환이 필요한 영역이 있다면 예를 들어 말해 보십시오.

예수께서 이 세상에 오시기까지

이는 한 아기가 우리에게 났고 한 아들을 우리에게 주신 바 되었는데 그의 어깨에는 정사를 메었고 그의 이름은 기묘자라, 모사라, 전능하신 하나님이라, 영존하시는 아버지라, 평강의 왕이라 할 것임이라 [이사야 9:6]

하나님은 처음부터 모든 것을 바로 잡겠다고 약속하셨고, 예수님은 이 일을 위해 이 세상에 오셨습니다. 예수님은 단지 도덕적인 가르침을 베풀거나, 어떤 모본을 보이기 위해 오시지 않으셨습니다. 그분은 자유케 하고, 모든 것을 바로 잡기 위해 오셨으며, 일종의 혁명을 일으키기 위해 오셨습니다. 예수님이 우리에게 오신 네 단계의 과정을 살펴보겠습니다.

1. 예수님은 그분께 합당한 하늘 보좌를 버리시고, 혼돈으로 가득한 이 세상에 오셨습니다.

가축의 구유에서 하나님의 목소리는 갓난아기의 울음소리가 되었습니다. 그는 자신이 지은 피조물의 살을 입고 오셔서, 자신이 창조한 피조물의 돌봄을 받기로 하셨지만, 그분의 시선은 항상 인류 구원에 고정되어 있었습니다. 그는 물로 포도주가 되게 했습니다. 그는 간음한 여인에게 자비를 베풀었습니다. 그는 병자들을 치료하셨고, 죽은 자에게 무덤에서 걸어 나오라 명령하셨으며, 쓰레기 취급을 받던 사람들을 사랑하시고, 존중해 주셨습니다.

오직 우리가 천사들보다 잠시 동안 못하게 하심을 입은 자 곧 죽음의 고난 받으심으로 말미암아 영광과 존귀로 관을 쓰신 예수를 보니 이를 행하심은 하나님의 은혜로 말미암아 모든 사람을 위하여 죽음을 맛보려 하심이라 [히브리서 2:9]

- 예수님에 대해 이런 식으로 생각해 보신 적이 있습니까? 예수께서 이 세상에 오신 과정을 아는 것이 죄로 물든 세상에서 살아가는 여러분에게는 어떤 위로를 던져줍니까?

2. 예수님은 사람으로 오셨습니다.

예수님은 사람으로 태어나셨습니다. 사람의 몸과 육체적 한계를 지니셨고, 감정을 가지셨으며, 또한 육체와 감정, 그리고 인간관계에 있어서 성장하셨습니다([막 1:18; 요 4:6; 요 19:28]을 보십시오). 완전한 사람이셨기에 그는 우리를 대신하실 수 있었고, 우리가 받아야 할 형벌을 대신 담당할 수 있었으며, 우리를 하나님과 중재하셨을 뿐만 아니라, 우리의 모본이 되시고, 우리와 자신을 동일시하실 수 있었습니다.

> 7 오히려 자기를 비워 종의 형체를 가지사 사람들과 같이 되셨고 8 사람의 모양으로 나타나사 자기를 낮추시고 죽기까지 복종하셨으니 곧 십자가에 죽으심이라(빌립보서 2:7–8)

3. 예수님은 또한 하나님으로 오셨습니다.

예수님은 초자연적으로 태어나셨습니다. 그는 자신을 하나님이라고 주장하셨고, 하나님도 그가 하나님이라고 선언하셨습니다. 그리고 사탄조차도 그가 하나님이심을 알고 있었습니다. 그는 기적을 행하시고, 죄를 용서해 주심으로써 하나님의 속성을 드러내셨습니다[막 1:18; 고전 2:9]. 그는 하나님이셨기에, 완전한 희생 제사를 드리실 수가 있었습니다.

> 또 아는 것은 하나님의 아들이 이르러 우리에게 지각을 주사 우리로 참된 자를 알게 하신 것과 또한 우리가 참된 자 곧 그의 아들 예수 그리스도 안에 있는 것이니 그는 참 하나님이시요 영생이시라 [요한일서 5:20]

• 예수님이 완전한 하나님이시면서, 동시에 완전한 사람이라는 사실을 이해할 수 있겠습니까? 아니라면 그 이유는 무엇입니까?

• 예수님이 인성과 신성 모두를 가지셨다는 사실이 중요한 이유는 무엇입니까?

4. 예수님은 섬기고, 희생하시고, 구원하시려고 오셨습니다.

로마서 5장 8절은 “우리가 아직 죄인 되었을 때에 그리스도께서 우리를 위하여 죽으심으로 하나님께서 우리에 대한 자기의 사랑을 확증하셨느니라”고 선언합니다. 아주 독특하게도 예수님은 하나님을 향해서는 사람들의 대표가 되시고, 사람들을 향해서는 하나님을 나타내 보여주십니다. 그는 완전한 사람이시기에 우리를 위한 희생 제물이 되셨습니다. 또한 완전한 하나님이시기에 온전한 희생 제사를 아버지 하나님께 올려드리셨습니다.

> 9 하나님의 사랑이 우리에게 이렇게 나타난 바 되었으니 하나님이 자기의 독생자를 세상에 보내심은 그로 말미암아 우리를 살리려 하심이라 10 사랑은 여기 있으니 우리가 하나님을 사랑한 것이 아니요 하나님이 우리를 사랑하사 우리 죄를 속하기 위하여 화목 제물로 그 아들을 보내셨음이라 [요한일서 4:9–10]

- 구원은 우리가 하나님을 위해 무엇을 하느냐가 아니라, 하나님이 우리를 위해 무엇을 하셨느냐에 달려있습니다. 이 사실에 대한 여러분의 생각은 무엇입니까?

개인학습2

예수께서 이 세상에 오신 이유

그리스도인이 된다는 것은 여러분이 하나님을 위하여 무엇인가를 해야 한다는 말이 아닙니다. 하나님은 여러분을 위해 모든 것을 이미 이루어 놓으셨습니다. 예수님은 우리의 죄에 대한 값을 지불하셨고, 죄와 사망에서 우리를 해방하셨으며, 하나님과의 관계뿐만 아니라 다른 사람들과의 관계도 회복하셨습니다. 예수님은 신적인 능력으로 인류 역사의 방향을 완전히 바꾸어 놓으셨습니다. 십자가 위에서 우리에게 있는 죄책감과 죄악의 굴레, 그리고 하나님으로부터의 단절의 문제가 해결되었습니다. 이제 다음 용어들을 더 깊이 살펴보도록 하겠습니다.

죄책(Guilt) 죄책(guilt)이나 대속(debt)같은 단어를 모르는 사람은 없습니다. 하지만 아담의 후예로서 우리가 하나님을 향해 매우 적대적인 상태로 이 세상에 태어난다는 것을 아는 사람은 많지 않습니다. 우리는 정말이지 죄와 속박 아래에 태어납니다. 그러나 예수님은 우리가 도저히 지불할 수 없는 죄의 값을 우리를 대신해 지불하셨습니다. 그리하여 우리에 대한 죄의 혐의는 취하되었습니다. 예수님을 통해서 우리는 죄용서와 죄씻음을 경험하게 되었습니다. 이것을 화목(propitiation)이라고 합니다.

> 하나님이 죄를 알지도 못하신 이를 우리를 대신하여 죄로 삼으신 것은 우리로 하여금 그 안에서 하나님의 의가 되게 하려 하심이라 [고린도후서 5:21]

• 죄책(guilt)의 뜻이 무엇인지 당신의 생각을 적어 보십시오.

노예됨(Bondage) 예수님은 십자가에서 죄와 사망을 이기시고, 우리를 그 지배로부터 벗어나게 하셔서, 그분 안에 있는 영생을 우리에게 허락해 주셨습니다. 예수님을 통해서 우리는 죄에서 해방되었습니다. 이것을 구속(redemption)이라고 합니다.

> 22 그러나 이제는 너희가 죄로부터 해방되고 하나님께 종이 되어 거룩함에 이르는 열매를 맺었으니 그 마지막은 영생이라 23 죄의 삯은 사망이요 하나님의 은사는 그리스도 예수 우리 주 안에 있는 영생이니라 [로마서 6:22-23]

• 노예됨(bondage) 대한 당신의 생각을 적어 보십시오.

단절(Separation) 예수님은 하나님과 우리 사이에 막힌 담을 허무셨고, 우리가 그분과 교제할 수 있는 길을 여셨습니다. 예수님을 통해서 우리가 하나님과 다시 만날 수 있게 된 것입니다. 이것을 화해(reconciliation)라고 합니다.

> 10 곧 우리가 원수 되었을 때에 그의 아들의 죽으심으로 말미암아 하나님과 화목하게 되었은즉 화목하게 된 자로서는 더욱 그의 살아나심으로 말미암아 구원을 받을 것이니라 11 그뿐 아니라 이제 우리로 화목하게 하신 우리 주 예수 그리스도로 말미암아 하나님 안에서 또한 즐거워하느니라 [로마서 5:10-11]

• 단절(separation)에 대한 여러분의 생각을 적어 보십시오.

• 예수님은 십자가에서 우리의 죄값을 지불하시고, 우리의 죄책을 제거하셨습니다. 노예상태에서 우리를 해방시켜, 하나님과의 관계를 회복하셨습니다. 이와 같은 진술에 대한 여러분의 생각을 말해 보십시오.

• 완전히 이해되지 않는 용어가 있습니까? 그 용어의 의미를 더 잘 이해할 수 있도록 도와줄 사람이 있습니까? 이번 주에 한 번 찾아가 보십시오.

예수님은 우리에게 안락함과 안전감을 주시려고 십자가에서 돌아가신 것이 아닙니다. 어떤 사람들은 구원이 보험이나 안전망인 것처럼 판매하고 있습니다. 애석하게도 때때로 우리는 하나님께로 가기만 하면 모든 것이 다 잘 되리라 생각합니다. 하지만 인생은 더 나아지기도 하고, 때로는 더 나빠질 수도 있습니다. 우리는 모든 것이 잘될 것이라는 약속이 아니라, 하나님의 임재를 약속받았습니다. 그분은 우리를 안전하게 지켜주실 것이라 약속하지 않고, 오히려 위험한 일, 곧 매우 위험한 세상의 한복판에서 희망을 외치는 일로 우리를 부르십니다.

• 예수님은 우리를 안전하게 하시려고 돌아가신 것이 아니라, 우리로 하여금 이 위험한 세상에서 희망을 선포하는 자가 되게 하시려고 돌아가셨습니다. 이러한 진술이 여러분의 삶에 미치는 영향은 무엇입니까?

Jesus

2과

중심되신 그리스도

그리스도인은 영적인 혁명을 통해
예수님을 삶의 중심에 모신 사람입니다.

시작하기

복습

우리는 이전 과에서 하나님에 관한 놀라운 이야기를 살펴보았고, 또한 하나님이 우리를 그 이야기 속으로 불러주셨음을 확인했습니다. 예수님이 자신의 죽음을 통하여 어떻게 우리의 죄값을 지불하시고, 우리를 노예 상태에서 벗어나게 하셨으며, 또한 우리와 하나님 사이의 관계를 회복하셨는지를 알게 되었습니다. 우리는 또한 그리스도의 제자가 된다는 것은 예수님이 하셨던 것을, 예수님이 하셨던 방법대로 행하는 것임을 배웠습니다.

Q 이번 주에는 어떤 과제를 하셨습니까? 과제는 어땠습니까?

Q 여러분은 성경을 읽으면서 무엇을 배우고 경험했습니까?

Q 묻고 싶은 질문이 있습니까?

기도

기도를 통해 하나님을 만남으로 이번 과를 시작하십시오.
하나님께 기도할 때 다음 안내 지침을 활용해 보십시오.

- 아들 예수 그리스도를 통해 여러분을 구원하신 하나님의 선하심과 자비하심에 대해 감사하십시오

- 구원 받은 순간뿐만 아니라 지금도 여전히 여러분은 죄인이며, 그분의 은혜가 필요함을 고백하십시오.

- 다음 몇 주 동안 조원들의 마음을 모아주시도록 하나님께 간구하십시오.

도입

예수님을 따르는 사람들에 대해 말할 때, 성경은 건축용어를 사용하여 예수께서 우리의 '모퉁잇돌'이 되셨다고 말합니다(엡 2:19-22). 건축자에게 있어 모퉁잇돌은 매우 중요합니다. 건물의 다른 돌들이 모두 모퉁잇돌을 중심으로 놓이기 때문에, 모퉁잇돌은 가장 단단하고, 반듯한 돌이어야 합니다. 그래서 보통 모퉁잇돌은 건물을 지을 때 제일 먼저 놓습니다. 모퉁잇돌이 반듯하다면, 건물을 구성하는 다른 돌들도 자연스럽게 제자리를 찾습니다. 만일 모퉁잇돌이 조금이라도 기울어져 있다면, 다른 모든 돌들도 따라서 기울어집니다.

성경은 예수님이 그리스도인의 삶에 있어서 모퉁잇돌이라고 말합니다. 우리의 삶 속에 그분이 차지하는 자리는 다른 어떤 것으로도 대신할 수 없습니다. 그리스도인이란 다름 아닌 "내 삶의 모든 것은 타협할 수 있지만, 예수님만은 안 됩니다"라고 고백하는 사람입니다.

현대적인 비유로는 천체를 들 수 있습니다. 코페르니쿠스 이전에 사람들은 우주가 지구를 중심으로 회전하고 있다고 생각했습니다. 그러나 그는 엄청나게 크고 뜨거운 태양이 우주의 중심에 있고, 다른 모든 행성은 그 주위를 돌고 있다는 사실을 발견했습니다. 이 발견은 태양계에 대한 우리의 모든 이해를 뒤집어 놓은 혁명의 시발점이 되었습니다.

이 비유는 한 사람이 그리스도인이 되었을 때 경험하는 혁명과 정확하게 일치합니다. 예수님이 우주의 중심이라는 것을 깨달을 때 우리는 그분을 중심으로 모든 것을 조정해야 합니다. 이렇게 하여 우리 삶 속의 모든 것들은 제자리를 찾습니다. 그리스도인은 영적인 코페르니쿠스 혁명의 한복판에 있는 사람입니다.

Q 새로운 중심에 맞추어 우리의 삶을 재편해야 하는 것 때문에 여러분이 느끼는 두려움과 혼란은 무엇입니까?

Q 영적인 코페르니쿠스 혁명에 있어서 가장 두드러지게 느껴지는 변화는 무엇입니까?

성경관찰

누가복음은 예수님을 중심에 모신 한 사람의 이야기를 소개합니다.

1 예수께서 여리고로 들어가 지나가시더라 2 삭개오라 이름하는 자가 있으니 세리장이요 또한
부자라 3 그가 예수께서 어떠한 사람인가 하여 보고자 하되 키가 작고 사람이 많아 할 수 없어
4 앞으로 달려가서 보기 위하여 돌무화과나무에 올라가니 이는 예수께서 그리로 지나가시게 됨
이러라 5 예수께서 그 곳에 이르사 쳐다 보시고 이르시되 삭개오야 속히 내려오라 내가 오늘 네
집에 유하여야 하겠다 하시니 6 급히 내려와 즐거워하며 영접하거늘 7 뭇 사람이 보고 수군거
려 이르되 저가 죄인의 집에 유하러 들어갔도다 하더라 8 삭개오가 서서 주께 여짜오되 주여 보
시옵소서 내 소유의 절반을 가난한 자들에게 주겠사오며 만일 누구의 것을 속여 빼앗은 일이 있
으면 네 갑절이나 갚겠나이다 9 예수께서 이르시되 오늘 구원이 이 집에 이르렀으니 이 사람도
아브라함의 자손임이로다 10 인자가 온 것은 잃어버린 자를 찾아 구원하려 함이니라 [누가복음
19:1-10]

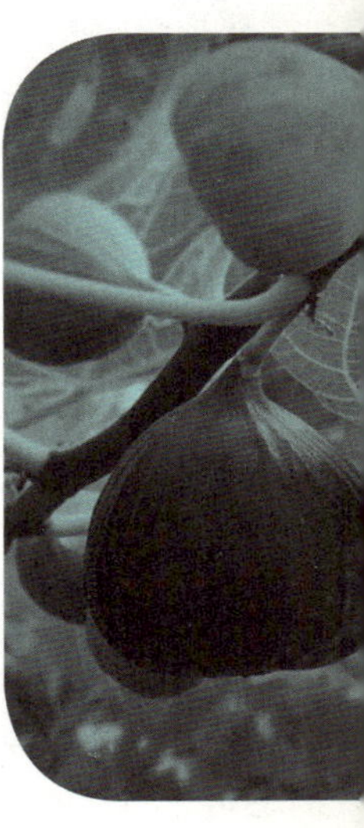

Q 그리스도인이 되기 전에 여러분 정체성의 중심에는 무엇이 있었습니까? 무엇이 여러분을 규정하였습니까?

세리인 삭개오는 사람들의 돈을 착복하여 부자가 되었습니다. 그러나 예수님을 만났을 때 그에게 변화가 나타났습니다. 지금까지 삭개오의 중심을 차지했던 돈이 자리를 내어주고, 예수님이 그의 인생에 새로운 중심이 되셨습니다(8절).

Q 부자였던 삭개오가 모든 것을 포기하고 예수님을 인생의 중심에 모신 이유가 무엇이라고 생각하십니까?

성경해설

내 정체성의 중심되심

삭개오는 경멸의 대상이었습니다. 그 당시 유대 사회는 다음과 같은 두 가지 이유로 세리를 경멸했습니다.

1. 세리는 납세자의 돈을 착복하여 부를 축적하는 악랄한 도둑이었습니다.
2. 로마 정부는 유대 지역에서 세금을 거두기 위해 유대인을 세리로 뽑았습니다. 따라서 세리는 이방인이었던 로마 정부와 협력하고, 민족을 배신했다는 이유로 증오의 대상이 되었습니다.

Q 삭개오의 이야기를 통해 볼 때 삭개오는 예수님을 만나기 전에 자기 스스로를 어떻게 생각했다고 생각하십니까?

Q 삭개오의 생활방식은 그의 정체성과 삶의 동기에 대해 무엇을 말해줍니까?

우리가 그리스도인이 될 때 예수님은 우리의 정체성과 자아관의 중심이 되셔서, 우리를 새롭게 정의해 주십니다.

세리였던 삭개오는 항상 경멸의 대상이었습니다. 그러나 예수께서 완전히 새로운 자아관을 심어주셨을 때, 삭개오는 변화되었습니다. 그는 그리스도에 의해 사랑받고 받아들여진 존재가 되었습니다.

우리가 그리스도인이 될 때 예수님은 우리의 정체성과 자아관의 중심이 되셔서, 우리를 새롭게 정의해 주십니다. 그리스도인의 자기 이해에 있어서 결정적인 사건은 예수님의 십자가 죽음입니다. 십자가에서 우리에 대해 드러내 보여주신 것이야말로 우리 자신에 대한 이해에 있어서 가장 진실하고 중요한 정보입니다.

Q 우리가 그리스도께 사랑받고 받아들여진다는 것을 아는 것이 중요한 이유는 무엇일까요?

내 행동의 중심되심

예수님이 우리 행동의 중심이 되셔야 합니다. 예수님은 우리의 삶 속에서 모든 것을 제자리에 돌려놓으십니다.

삭개오의 이야기는 예수님께서 오직 한 곳, 곧 한 개인의 중심을 차지하셔야 함을 보여줍니다. 예수님이 중심 자리를 차지하셨을 때, 삭개오에게는 두 가지 영역, 곧 사람과 돈의 영역에서 극적인 행동 변화가 나타났습니다.

예수께서 중심이 되셨기 때문에 삭개오는 사람과 돈을 대할 때에도 예수님으로부터 신호를 받아 움직이게 되었습니다. 그리스도인으로서 우리는 삶의 모든 영역을 예수님께 맞추어 가게 됩니다.

Q 이러한 재조정을 할 때 가장 어려운 점은 무엇입니까?

Q 이렇게 새로운 관점을 가지고 삶을 대할 때 가장 해방감을 느끼게 되는 영역은 어디입니까??

Q 잠시 누가복음 18:18-23을 읽어 보십시오. 예수님의 도전적인 말씀에 순종하기를 주저하는 관리는 어떤 심정이었을지 토론해 봅시다.

예수께서 중심이 되셨기 때문에 삭개오는 사람과 돈을 대할 때에도 예수님으로부터 신호를 받아 움직이게 되었습니다.

예수님은 어떤 부자 관리의 속마음을 보시고는 가진 돈을 다 포기하고 삶을 송두리째 재조정할 의사가 있는지를 그에게 물으셨습니다. 이 관리는 예수님을 중심으로 돈 쓰는 것을 원하지 않았기 때문에 슬퍼하며 떠나갔습니다. 돈이 이 사람의 중심을 차지하고 있었기 때문에, 예수님은 주변부에 계실 수밖에 없었습니다.

친숙해지기

시간을 들여 본문을 좀 더 깊이 있게 읽어 보십시오. 사도행전 7:54-60과 누가복음 23:32-46을 함께 읽으십시오. 예수님의 죽음과 스데반 집사의 죽음 사이에 공통점을 찾아보십시오.

사도행전 7:54-60

54 그들이 이 말을 듣고 마음에 찔려 그를 향하여 이를 갈거늘 55 스데반이 성령 충만하여 하늘을 우러러
주목하여 하나님의 영광과 및 예수께서 하나님 우편에 서신 것을 보고 56 말하되 보라 하늘이 열리고 인
자가 하나님 우편에 서신 것을 보노라 한대 57 그들이 큰 소리를 지르며 귀를 막고 일제히 그에게 달려들
어 58 성 밖으로 내치고 돌로 칠새 증인들이 옷을 벗어 사울이라 하는 청년의 발 앞에 두니라 59 그들이
돌로 스데반을 치니 스데반이 부르짖어 이르되 주 예수여 내 영혼을 받으시옵소서 하고 60 무릎을 꿇고
크게 불러 이르되 주여 이 죄를 그들에게 돌리지 마옵소서 이 말을 하고 자니라

누가복음 23:32-46

32 또 다른 두 행악자도 사형을 받게 되어 예수와 함께 끌려 가니라 33 해골이라 하는 곳에 이르러 거기
서 예수를 십자가에 못 박고 두 행악자도 그렇게 하니 하나는 우편에, 하나는 좌편에 있더라 34 이에 예수
께서 이르시되 아버지 저들을 사하여 주옵소서 자기들이 하는 것을 알지 못함이니이다 하시더라 그들이
그의 옷을 나눠 제비 뽑을새 35 백성은 서서 구경하는데 관리들은 비웃어 이르되 저가 남을 구원하였으니
만일 하나님이 택하신 자 그리스도이면 자신도 구원할지어다 하고 36 군인들도 희롱하면서 나아와 신 포
도주를 주며 37 이르되 네가 만일 유대인의 왕이면 네가 너를 구원하라 하더라 38 그의 위에 이는 유대인
의 왕이라 쓴 패가 있더라 39 달린 행악자 중 하나는 비방하여 이르되 네가 그리스도가 아니냐 너와 우리
를 구원하라 하되 40 하나는 그 사람을 꾸짖어 이르되 네가 동일한 정죄를 받고서도 하나님을 두려워하
지 아니하느냐 41 우리는 우리가 행한 일에 상당한 보응을 받는 것이니 이에 당연하거니와 이 사람이 행
한 것은 옳지 않은 것이 없느니라 하고 42 이르되 예수여 당신의 나라에 임하실 때에 나를 기억하소서 하
니 43 예수께서 이르시되 내가 진실로 네게 이르노니 오늘 네가 나와 함께 낙원에 있으리라 하시니라 44
때가 제육시쯤 되어 해가 빛을 잃고 온 땅에 어둠이 임하여 제구시까지 계속하며 45 성소의 휘장이 한가
운데가 찢어지더라 46 예수께서 큰 소리로 불러 이르시되 아버지 내 영혼을 아버지 손에 부탁하나이다 하
고 이 말씀을 하신 후 숨지시니라

Q 위의 두 본문은 중심되신 그리스도라는 개념을 이해하는데 있어 여러분에게 어떤 도움을 주었습니까?

주간활동

하나님의 말씀을 공부하는 것과는 별도로, 인도자와 함께 다음 번 모임에 참석하기 전까지 하게 될 개인적인 연구와 예배, 그리고 적용을 위한 계획을 세워 보십시오. 시간과 개인적인 선호도를 고려하여 다음에 소개된 선택적 활동 중에서 골라 보시기 바랍니다.

예배

- 성경을 읽으십시오. 35 페이지에 있는 성경읽기표를 완성하십시오.

- 36 페이지에 있는 경건 활동에 참여하며 하나님과 함께 시간을 보내십시오.

- 매일 기도로 하나님을 만나 보십시오. 이 책에서 소개한 기도의 다섯 단계를 활용하여 매일 아침을 기도로 시작해 보십시오. 이번 주에는 매일 아침 몇 분을 기도하는데 들여보십시오. 예수님이 여러분의 정체성 안에 확고히 자리하실 수 있도록 하나님께 도움을 구하십시오. 이런 식으로 기도를 시작하면 좋을 것입니다. "하나님 아버지, 예수님으로 인하여, 어제 제가 행한 어떤 일도 하나님의 사랑에서 저를 멀어지게 할 수도 없고, 오늘 제가 행하게 될 어떤 일도 저를 하나님께 더 가까이 나아가게 할 수도 없음을 고백합니다."

개인학습

- 37 페이지에 있는 "내 정체성의 중심되심"을 읽고 여러분의 생각을 정리해 보십시오.

- 39 페이지에 있는 "내 행동의 중심되심"을 읽고 여러분의 생각을 정리해 보십시오.

적용

- 교회에 출석하십시오. 예수님이 여러분 재정의 중심이 되신다는 표현으로, 이번 주 여러분의 교회에 헌금을 해 보십시오.

- 빌립보서 1:21을 암송하십시오. “이는 내게 사는 것이 그리스도니 죽는 것도 유익함이라”

- 누군가를 위해 무엇인가를 해 보십시오. 이번 주 여러분에게 보답할 형편에 있지 않은 사람을 도울 실제적인 방법을 찾아보십시오

- 예수님을 중심에 모셔 들이십시오. 여러분의 물질과 시간을 예수님 중심으로 사용하는 주간 계획을 세워 보십시오.

- 기타 :

성경읽기표

이번 주는 마가복음을 읽는 것으로 시작하겠습니다.
여백에는 여러분의 생각과 반응을 적어 보십시오.

1일 마가복음 4:1-20

2일 마가복음 4:21-41

3일 마가복음 5:1-20

4일 마가복음 5:21-43

5일 마가복음 6:1-13

6일 마가복음 6:14-29

7일 마가복음 6:30-44

점진적으로 중심되심

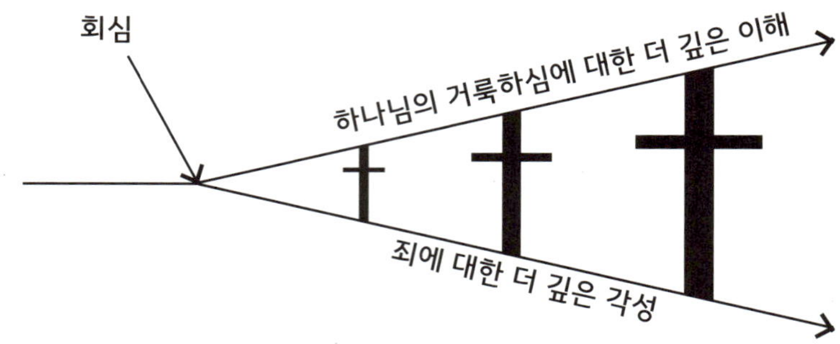

이 그림은 그리스도인의 삶이 무엇이며, 십자가가 어떻게 점진적으로 우리 사고의 중심적인 자리를 차지하게 되는지를 시각적으로 보여줍니다. 위 그림은 시간이 흘러감에 따라 왼쪽에서 오른쪽으로 이동해 가며, 분기점은 한 사람이 그리스도인이 된 때를 가리킵니다. 시간이 지남에 따라 그리스도인에게는 두 가지 현상이 나타납니다. 그것은 하나님의 거룩하심과 자신의 죄된 본성을 더 깊이 깨닫게 된다는 것입니다.

이러한 이유로 역사상 가장 경건한 사람 중에 한 명인 바울은 자기 자신을 "죄인 중에 괴수"라고 불렀습니다. 이 두 가지 영역에 대한 인식이 더 깊어질수록 신자는 십자가에 대한 생각에 더욱 더 사로잡힙니다. 20년 된 그리스도인은 이제 막 이틀 된 그리스도인보다 십자가의 사건이 자신을 위해 얼마나 많은 일을 이루어 놓았는지를 훨씬 더 깊이 깨닫게 될 것입니다. 십자가에 대한 깨달음이 깊어져 감에 따라, 감사, 사랑, 자비, 정의 등과 같은 성품이 자연스럽게 열매로 나타납니다. 그리스도인의 인격은 그리스도의 형상을 따라 지금도 변화되어 가는 중입니다. 이러한 설명은 그리스도인의 생각과 감정과 행동에 있어서 어떻게 예수님이 점진적으로 중심을 차지해 가시는지를 잘 드러내 줍니다.

- 예수님이 여러분을 위해 십자가에서 하신 일을 깨닫고, 그로 인하여 그분께 여러분의 삶을 드리게 되었을 때, 예수님이 점진적으로 여러분 삶의 중심을 차지해 가시는 경험한 적이 있습니까? 설명해 보십시오.

- 현재 여러분은 처음 그리스도인이 되었을 때보다 훨씬 더 죄가 추악하다고 느끼십니까? 설명해 보십시오.

내 정체성의 중심되심

삭개오 이야기에서 예수님은 그에게 훔친 돈을 배상하거나 가난한 사람들에게 나눠주라고 명령하신 적이 없습니다. 삭개오 자신이 스스로 그렇게 결정했습니다. 한번 보십시오.

삭개오가 서서 주께 여짜오되 주여 보시옵소서 내 소유의 절반을 가난한 자들에게 주겠사오며 만일 누구의 것을 속여 빼앗은 일이 있으면 네 갑절이나 갚겠나이다 [누가복음 19:8]

• 삭개오가 이런 행동을 하도록 동기를 부여한 것은 무엇입니까?

• 예수님의 행동은 삭개오 본인의 정체성에 대해 무엇을 말해 주었던 것일까요?

여러분의 삶 속에서 실패와 성공의 때를 포함하여 지금까지도 여러분의 정체성에 영향을 주는 사건이 있었습니까? 그리스도인의 자기 정체성에 있어서, 결정적으로 중요한 사건은 우리를 위해 십자가에서 겪으신 예수님의 죽음과 그분의 부활입니다. 이 때문에 우리는 그분 안에서 우리의 새로운 정체성을 발견합니다. 한때 우리를 규정했던 것이 이제는 지워지고, 의와 사랑과 용서로 대체되었습니다.

곧 이 때에 자기의 의로우심을 나타내사 자기도 의로우시며 또한 예수 믿는 자를 의롭다 하려 하심이라 [로마서 3:26]

6 우리가 아직 연약할 때에 기약대로 그리스도께서 경건하지 않은 자를 위하여 죽으셨도다 7 의인을 위하여 죽는 자가 쉽지 않고 선인을 위하여 용감히 죽는 자가 혹 있거니와 8 우리가 아직 죄인 되었을 때에 그리스도께서 우리를 위하여 죽으심으로 하나님께서 우리에 대한 자기의 사랑을 확증하셨느니라 9 그러면 이제 우리가 그의 피로 말미암아 의롭다 하심을 받았으니 더욱 그로 말미암아 진노하심에서 구원을 받을 것이니 10 곧 우리가 원수 되었을 때에 그의 아들의 죽으심으로 말미암아 하나님과 화목하게 되었은즉 화목하게 된 자로서는 더욱 그의 살아나심으로 말미암아 구원을 받을 것이니라 11 그뿐 아니라 이제 우리로 화목하게 하신 우리 주 예수 그리스도로 말미암아 하나님 안에서 또한 즐거워하느니라 [로마서 5:6-11]

• 위의 두 본문은 예수님 안에 있는 우리의 정체성을 어떻게 묘사해 주고 있습니까?

다음 연구사례를 읽어보고 각각에 첨부된 질문에 답해 보십시오.

연구사례 #1:
엄격하고 도덕적으로 보수적인 가정에서 성장한 사람은 '나는 좋은 사람'이라고 생각합니다.

• 이 사람은 자신의 정체성에 대해 생각할 때 무엇을 중심으로 삼고 있습니까?

• 자신의 정체성의 중심에 예수님을 놓으면 이 사람은 어떻게 되겠습니까?

연구사례 #2.
어린 시절 학대 받으며 자란 사람은 '나는 더럽다'고 생각합니다.

• 이 사람은 자신의 정체성에 대해 생각할 때 무엇을 중심으로 삼고 있습니까?

• 자신의 정체성의 중심에 예수님을 놓으면 이 사람은 어떻게 되겠습니까?

연구사례 #3.
복음과 성 정체성 사이에서 갈등하는 사람은 "나는 성적 정체성이 불명확하기 때문에 내가 그리스도인이 될 수 있을지 잘 모르겠다"고 말합니다.

• 이 사람은 자신의 정체성에 대해 생각할 때 무엇을 중심으로 삼고 있습니까?

• 자신의 정체성의 중심에 예수님을 놓으면 이 사람은 어떻게 되겠습니까?

• 여러분 자신의 경우를 한 번 생각해 보십시오. 여러분 자신에 대한 생각에 있어서 예수님을 중심에 모시기 위해 실제적으로 할 수 있는 일은 무엇입니까?

개인학습2

내 행동의 중심되심

알람, 우유, 조깅, 샤워, 옷, 커피, 아침식사, 교통체증, 회의, 수업, 이메일, 점심식사, 또 다른 회의, 또 다른 수업, 다시 교통체증, 상점, 볼일, 집, 저녁식사, 숙제, 집안일, 이메일, 뉴스, 침대, 그리고 다시 반복.

여러분의 하루 일과는 어떻습니까? 여러분의 삶은 놀랍게도 위에 나열한 일상과 매우 많이 닮았거나, 어쩌면 좀 더 바쁘게 돌아가고 있을지도 모릅니다. 삶은 분주합니다. 그리고 항상 여러분의 마음을 빼앗기 위해 예수님과 경쟁하는 것들로 가득합니다.

- 여러분의 마음속에서 중심을 차지하기 위해 예수님과 경쟁하고 있는 것들은 무엇입니까?

- 여러분의 생활과 의사결정에 있어서 예수님 외에 다른 것이 중심을 차지할 때 나타나는 증상들에는 어떤 것이 있습니까?

5 너는 마음을 다하여 여호와를 신뢰하고 네 명철을 의지하지 말라
6 너는 범사에 그를 인정하라 그리하면 네 길을 지도하시리라 [잠언 3:5–6]

- 잠언 3장 5–6절을 읽어 보십시오. 그리스도인이 된 후에 하나님을 신뢰하게 된 특별한 계기가 있었습니까? 혹은 왜 여전히 그분을 신뢰하지 않습니까?

- “범사에 그를 인정하라”는 말은 무슨 뜻일까요?

잠시 시간을 내어 여러분이 다음 네 가지 삶의 영역에 예수님을 중심에 놓는다면 어떤 변화가 나타나게 될 것 같은지 생각해 보십시오. 숨기지 말고 솔직하게 각각의 영역에 대한 질문에 답해 보십시오.

관계:

- 여러분은 이 영역에 있어서 예수님을 중심에 모시기 위해 무엇을 하고 있습니까?
- 여러분은 이 영역에 있어서 예수님을 중심에 모시는 것에 왜 실패하고 있습니까?

재정:

- 여러분은 이 영역에 있어서 예수님을 중심에 모시기 위해 무엇을 하고 있습니까?
- 여러분은 이 영역에 있어서 예수님을 중심에 모시는 것에 왜 실패하고 있습니까?

시간/계획:

- 여러분은 이 영역에 있어서 예수님을 중심에 모시기 위해 무엇을 하고 있습니까?
- 여러분은 이 영역에 있어서 예수님을 중심에 모시는 것에 왜 실패하고 있습니까?

성관계:

- 여러분은 이 영역에 있어서 예수님을 중심에 모시기 위해 무엇을 하고 있습니까?
- 여러분은 이 영역에 있어서 예수님을 중심에 모시는 것에 왜 실패하고 있습니까?

3과

침(세)례를 통해 예수님 따르기

침(세)례는 개인의 삶 속에 나타난 변화를
공동체적으로 증언하는 의식입니다

시작하기

복습

이전 과에서 확인할 수 있었듯이, 예수님은 인류 역사의 중심이 되는 분이고, 실존했던 인물들 가운데 가장 중요한 분입니다. 예수님은 완전한 신성과 인성을 가지신 분이며, 그렇기 때문에 홀로 모든 사람을 구원하실 수 있습니다. 또한 그리스도의 제자로 산다는 것은 예수님을 우리의 존재와 모든 행위의 중심에 모셔 들임을 의미합니다.

침(세)례의식에 대해 깊이 탐구하기에 앞서 잠시 최근에 여러분이 경험한 것을 되새겨 보십시오.

Q 이번 주에는 어떤 과제를 하셨습니까? 과제는 어땠습니까?

Q 여러분은 성경을 읽으면서 무엇을 배우고 경험했습니까?

Q 묻고 싶은 질문이 있습니까?

기도

기도를 통해 하나님을 만남으로 이번 과를 시작하십시오. 하나님께 기도할 때 다음 안내지침을 활용해 보십시오.

- 여러분이 하나님을 따르면서 날마다 말씀에 순종할 기회를 주심에 감사하십시오.
- 침(세)례식을 통해 하나님께 순종한다는 것이 무엇을 의미하는지 확실히 이해할 수 있도록 기도하십시오.
- 여러분의 교회와 지역에 지속적으로 침(세)례식이 행해지는 것을 통해 하나님이 영광을 받으시도록 기도하십시오.

도입

휴일(holiday)이 있다는 것에 감사하지 않는 사람은 많지 않을 것입니다. 오늘날 가장 훌륭한 휴일은 어떤 사건이나 사상을 축하함과 동시에 참여를 불러일으키는 휴일입니다. 이러한 종류의 휴일은 여러 해 전에 어떤 일이 일어났는지를 단순히 기억나게 해 줄 뿐만 아니라, 사람들로 하여금 과거의 중요한 순간들을 기념하게 해줍니다.

예를 들어 추수감사절을 생각해 보십시오. 이 공휴일은 원래 초창기 미국 정착민의 투쟁과 승리를 기억하려는 목적으로 지켜졌습니다. 그러다가 남북전쟁이 한참이던 1863년에 링컨 대통령이 현재 미국에서 11월 넷째 목요일에 지키고 있는 추수감사절을 국경일로 지정하여 선포했습니다.

추수감사절이 훌륭한 절기인 이유는 우리가 이 날에 직접 참여하기 때문입니다. 추수감사절에 우리가 하는 일은 머릿속으로 초기 정착민들을 떠올리는 것도 아니고, 철학적 차원에서 감사의 가치를 깊이 생각하는 것도 아닙니다. 단지 우리는 칠면조를 먹고, 으깬 감자와 그린 빈, 그리고 크랜베리 소스와 호박파이를 먹을 뿐입니다. 물론 가장 가까운 사람들과 함께 모여 정서적인 차원에서 감사의 온정을 나누는데, 이로써 우리는 추수감사절을 축하하면서 동시에 실제로 감사를 표현하는 일에 동참합니다.

우리가 새로운 제자의 침(세)례를 축하할 때, 유사한 일이 교회에서도 일어납니다. 제자들은 매년 침(세)례를 받는 것이 아닙니다. 그러나 침(세)례식은 단순한 의식이라기보다는 특별히 한 사람의 구원을 기념하는 의식입니다.

- Q 여러분이 제일 좋아하는 공휴일은 무엇입니까? 이유는 무엇입니까?

- Q 교회에서 행해지는 침(세)례에 대한 여러분의 첫인상은 어땠습니까? 간단하게 설명해 보십시오?

물론 성경을 자세히 살펴보면 알겠지만, 침(세)례는 단순한 축하의식이나, 기념의식이 아닙니다. 그 이상입니다. 침(세)례는 그리스도의 제자로서 우리가 처음으로 하게 되는 순종의 행위입니다.

성경관찰

초대교회 이전에도 정결의식과 다양한 형태의 침(세)례가 유대인들 사이에서 보편적으로 행해졌습니다. 사실 예수님 자신도 공생애를 시작하시면서 침(세)례 요한에게 침(세)례를 받으셨습니다(마 3:13-17). 이러한 이유로 신약 서신서의 저자들은 침(세)례식이 교회의 핵심적인 의식으로 자리매김 할 수 있도록 많은 설명을 제공해 주었습니다. (참고, "의식"이란 그리스도에 대한 한 개인의 믿음을 드러내는 영적 행위입니다.)

침(세)례에 대한 가장 중요한 성경 말씀 가운데 하나가 사도 바울이 쓴 로마서 6장 본문에 있습니다.

1 그런즉 우리가 무슨 말을 하리요 은혜를 더하게 하려고 죄에 거하겠느냐 2 그럴 수 없느니라 죄에 대하
여 죽은 우리가 어찌 그 가운데 더 살리요 3 무릇 그리스도 예수와 합하여 침(세)례를 받은 우리는 그의
죽으심과 합하여 침(세)례를 받은 줄을 알지 못하느냐 4 그러므로 우리가 그의 죽으심과 합하여 침(세)례
를 받음으로 그와 함께 장사되었나니 이는 아버지의 영광으로 말미암아 그리스도를 죽은 자 가운데서 살
리심과 같이 우리로 또한 새 생명 가운데서 행하게 하려 함이라 5 만일 우리가 그의 죽으심과 같은 모양
으로 연합한 자가 되었으면 또한 그의 부활과 같은 모양으로 연합한 자도 되리라 6 우리가 알거니와 우리
의 옛 사람이 예수와 함께 십자가에 못 박힌 것은 죄의 몸이 죽어 다시는 우리가 죄에게 종 노릇 하지 아
니하려 함이니 7 이는 죽은 자가 죄에서 벗어나 의롭다 하심을 얻었음이라 8 만일 우리가 그리스도와 함
께 죽었으면 또한 그와 함께 살 줄을 믿노니 9 이는 그리스도께서 죽은 자 가운데서 살아나셨으매 다시
죽지 아니하시고 사망이 다시 그를 주장하지 못할 줄을 앎이로라 10 그가 죽으심은 죄에 대하여 단번에
죽으심이요 그가 살아 계심은 하나님께 대하여 살아 계심이니 11 이와 같이 너희도 너희 자신을 죄에 대하
여는 죽은 자요 그리스도 예수 안에서 하나님께 대하여는 살아 있는 자로 여길지어다.
[로마서 6:1-11]

Q 이 구절에서 제일 마음에 와 닿는 것은 무엇입니까?

Q 이 구절들은 여러분이 침(세)례를 이해하는데 어떻게 도움을 주었습니까?

성경해설

침(세)례는 구원을 묘사해 주는 그림입니다.

"만일 우리가 그리스도와 함께 죽었으면 또한 그와 함께 살 줄을 믿노니"로마서 6:8

바울은 로마서 6장에서 죄와 구원에 대해 좀 더 포괄적인 설명을 시도하고 있습니다. 로마서 5장에서 바울은 하나님의 은혜가 우리의 모든 죄를 용서해 주신다는 것을 역설하는데, 이 은혜야말로 그리스도와 함께하는 영생을 얻는데 있어서 결정적인 역할을 합니다(로마서 5:18-21). 이제 로마서 6장을 시작하면서, 바울은 이 은혜를 받은 제자들은 한 때 누렸던 죄된 삶의 방식을 더 이상 고수할 수 없다는 점을 분명히 합니다.

바로 이러한 점을 지적하면서 바울은 침(세)례의식을 언급합니다. 그리스도를 통해 받게 되는 구원을 시각화하여 설명하고 있습니다.

3 무릇 그리스도 예수와 합하여 침(세)례를 받은 우리는 그의 죽으심과 합하여 침(세)례를 받은 줄을 알지 못하느냐 4 그러므로 우리가 그의 죽으심과 합하여 침(세)례를 받음으로 그와 함께 장사되었나니 이는 아버지의 영광으로 말미암아 그리스도를 죽은 자 가운데서 살리심과 같이 우리로 또한 새 생명 가운데서 행하게 하려 함이라 [로마서 6:3-4]

새로운 제자들이 교회에서 침(세)례를 받을 때, 그들의 몸은 물속에 잠깁니다. 십자가 위에서 죽으신 후에 예수님이 무덤에 놓이셨던 것처럼, 그들 역시 물속에 안장됩니다. 그러나 예수님처럼 제자들도 물속에 계속 머무는 것은 아닙니다. 그리스도의 부활을 상징적으로 재현하면서 그들은 물 밖으로 다시 올라옵니다. 8절에서 바울은 이 점을 멋지게 상기시켜 줍니다. "만일 우리가 그리스도와 함께 죽었으면 또한 그와 함께 살 줄을 믿노니."

이와 같이 침(세)례의식은 일종의 실물교육으로서 제자들이 구원의 의미를 더 잘 이해하도록 도와줍니다.

Q 어떤 점에서 구원이 일종의 죽음과 비교될 수 있는 것일까요?

Q 예수님의 제자로서 여러분은 "새로운 생명"을 어떻게 경험해 보셨습니까?

침(세)례는 구원을 묘사해 주는 그림입니다. 우리는 침(세)례를 통해 우리가 하나님의 나라에 속하게 되었다는 것을 기념하고 축하합니다. 그러나 그것이 전부는 아닙니다. 교회 안에서 행해지는 침(세)례의식은 예수님이 주신 가장 중요한 명령에 대한 직접적인 반응이기도 합니다.

침(세)례는 믿음을 공적으로 선언하는 것입니다.

지금까지 우리는 침(세)례를 그리스도에 대한 한 개인의 신앙고백을 기념하는 의식으로 다루어왔습니다. 개인적인 차원에서 말입니다. 물론 그것은 사실입니다. 그러나 동시에 침(세)례는 한 제자가 구원을 받아 교회의 일원이 되어 그리스도를 따르겠다는 다짐을 공적으로 선언하는 의식이기도 합니다.

침(세)례는 한 제자가 구원을 받아 교회의 일원이 되어 그리스도를 따르겠다는 다짐을 공적으로 선언하는 의식입니다.

침(세)례의 공적인 차원은 예수님이 무덤에서 부활하신 후 제자들에게 주신 지상명령과 직접적으로 연관되어 있습니다.

> 19 그러므로 너희는 가서 모든 민족을 제자로 삼아 아버지와 아들과 성령의 이름으로 침(세)례를 베풀고 20 내가 너희에게 분부한 모든 것을 가르쳐 지키게 하라 볼지어다 내가 세상 끝날까지 너희와 항상 함께 있으리라 하시니라 [마태복음 28:19-20]

여기 예수님의 말씀은 제안이 아니라 명령임을 주목해야 합니다. 그러므로 새로운 제자들이 받게 되는 침(세)례는 선택사항이 아닙니다. 그것은 명령입니다.

Q 침(세)례가 예수님이 주신 명령이라는 사실에 대해 여러분은 어떻게 생각합니까?

침(세)례를 행하는 것은 여러 측면에서 교회에 지속적인 유익을 제공합니다. 예를 들어 침(세)례는 그리스도의 제자들 모두가 공유하게 되는 경험입니다. 그러므로 이 공통된 경험은 그리스도인들을 그리스도의 몸에 동참하게 해줍니다. 바울도 이 점을 분명히 말했습니다. "우리가 유대인이나 헬라인이나 종이나 자유인이나 다 한 성령으로 침(세)례를 받아 한 몸이 되었고 또 다 한 성령을 마시게 하셨느니라"(고전 12:13). 또한 새롭게 제자가 된 자들은 침(세)례의식을 통해 많은 증인들 앞에 서서 자신이 이제부터 그리스도를 따르려 한다는 것을 선언합니다. 따라서 공적으로 진행되는 침(세)례는 더 없이 좋은 전도의 기회입니다.

Q 침(세)례에 있어서 여러분이 밟아야 할 "다음 단계"는 무엇입니까?

Q 교회에서 침(세)례식이 거행될 때 여러분은 어떤 도움을 줄 수 있을까요?

친숙해지기

앞서 언급했듯이, 지역교회의 침(세)례식은 매우 좋은 전도의 기회입니다. 새로운 제자들에게 자신들의 간증을 공개적으로 나누고, 예수 그리스도를 따르기로 결심한 이유를 말할 수 있는 기회가 주어진다면 더욱 좋을 것입니다.

이런 마음으로 초대장을 만들어 다음 번 침(세)례식에 아직 예수님을 믿지 않는 여러분의 친구와 이웃, 그리고 가족들을 교회에 초대해 보십시오. 초대장을 잘 만들기 위해 아래의 내용을 참고해 보시기 바랍니다.

Q 침(세)례가 무엇이고 예배가 진행되는 동안 초대받은 분들이 무엇을 기대해야 하는지를 설명해 주십시오.

Q 여러분이 어떻게 예수님의 제자가 되었는지, 또 그 결과 여러분의 삶이 어떻게 변화되었는지 간증을 나누어 보십시오

Q 여러분이 왜 침(세)례를 통해 예수님에게 순종을 표현하게 되었는지를 설명해 주십시오 (침(세)례식 전후 예배 때에).

Q 초대장을 받은 분들이 다음 번 예배에 참석하기를 바라는 이유를 말해 보십시오.

기도제목

주간활동

하나님의 말씀을 공부하는 것과는 별도로, 인도자와 함께 다음 번 모임에 참석하기 전까지 하게 될 개인적인 연구와 예배, 그리고 적용을 위한 계획을 세워 보십시오. 시간과 개인적인 선호도를 고려하여 다음에 소개된 선택적 활동 중에서 골라 보시기 바랍니다.

예배

- 성경을 읽으십시오. 53 페이지에 있는 성경읽기표를 완성하십시오.

- 54 페이지에 있는 경건 활동에 참여하며 하나님과 함께 시간을 보내십시오.

- 매일 기도로 하나님을 만나 보십시오. 신앙의 여정에서 그리스도의 제자로서 여러분이 내딛어야 할 다음 걸음이 무엇인지를 알게 해 달라고 하나님께 간구해 보십시오.

개인학습

- 56 페이지에 있는 "구약성경에 나타난 침(세)례의 기원"을 읽고 여러분의 생각을 정리해 보십시오.

- 58 페이지에 있는 "신약성경에 나타난 세 번의 침(세)례"를 읽고 여러분의 생각을 정리해 보십시오.

적용

- 예수 그리스도께 대한 순종으로서 여러분의 교회에서 침(세)례를 받아야 할 필요가 있습니까? 그렇다면 가능한 빨리 절차가 진행될 수 있도록 교회 사역자와 상담해 보십시오.

- 여러분의 친구와 가족들에게 침(세)례의 경험을 물어보십시오. 그들을 더 잘 알 수 있게 될 것입니다. 여러분 자신의 경험도 꼭 나누어 보시기를 바랍니다.

- 여러분 교회의 다음 번 침(세)례식에 초대할 친구와 가족의 명단을 작성해 보십시오 (49 페이지의 활동을 참고하십시오).

- 로마서 6:4을 암송하십시오. "그러므로 우리가 그의 죽으심과 합하여 침(세)례를 받음으로 그와 함께 장사되었나니 이는 아버지의 영광으로 말미암아 그리스도를 죽은 자 가운데서 살리심과 같이 우리로 또한 새 생명 가운데서 행하게 하려 함이라."

- 기타 :

성경읽기표

이번 주에도 계속해서 마가복음을 읽겠습니다.
여백에는 여러분의 생각과 반응을 적어 보십시오.

1일 마가복음 6:45-56

2일 마가복음 7:1-13

3일 마가복음 7:14-37

4일 마가복음 8:1-13

5일 마가복음 8:14-26

6일 마가복음 8:27-38

7일 마가복음 9:1-13

예수님의 침(세)례

우리가 이미 살펴보았던 것처럼 예수님은 완전한 하나님이시고 또한 동시에 완전한 사람이십니다. 예수님의 인성(humanity)이 주는 축복 가운데 하나는 그분이 일반적인 사람들과 마찬가지로 우리가 경험하는 시험과 승리를 똑같이 경험하셨다는 것입니다. 물론 침(세)례도 포함해서 말입니다.

> 21 백성이 다 침(세)례를 받을새 예수도 침(세)례를 받으시고 기도하실 때에 하늘이 열리며 22 성령이 비둘기 같은 형체로 그의 위에 강림하시더니 하늘로부터 소리가 나기를 너는 내 사랑하는 아들이라 내가 너를 기뻐하노라 하시니라 [누가복음 3:21-22]

Q 이 구절에서 가장 흥미로운 점은 무엇입니까? 이유는 무엇입니까?

이 중요한 순간에 들었던 아버지 하나님의 음성이 공생애를 시작하시는 예수님께 큰 격려가 되었다는 것은 의심의 여지가 없습니다. 그분의 음성은 또한 예수님의 모든 제자들을 격려하는 것이기도 합니다.

첫째로, 하나님 아버지께서 "기뻐하셨다"는 것은 모든 그리스도인이 하나님 가족의 일원으로 받아들여졌다는 것을 상기시켜 줍니다. 바울도 로마서에서 이렇게 말합니다. "성령이 친히 우리의 영과 더불어 우리가 하나님의 자녀인 것을 증언하시나니 자녀이면 또한 상속자 곧 하나님의 상속자요 그리스도와 함께 한 상속자니 우리가 그와 함께 영광을 받기 위하여 고난도 함께 받아야 할 것이니라"(롬 8:16-17).

둘째로, 하나님 아버지께서 "기뻐하셨다"는 것은 하나님께서 우리를 기뻐 받으실 수 있는 길을 그리스도께서 열어주셨음을 의미합니다. 우리의 죄가 용서되었을 때, 완전하신 창조주 하나님과 우리 사이의 관계는 회복되었습니다. 그러므로 침(세)례는 우리가 하나님의 사랑을 경험할 수 있게 되었다는 믿기 어려운 사실을 우리에게 상기시켜 줍니다.

Q 개인적으로 여러분이 하나님의 자녀가 되었다는 것은 무엇을 의미합니까?

Q 어떻게 하면 여러분이 오늘 하루 하나님의 사랑을 맛볼 수 있을까요?

개인학습1

구약성경에 나타난 침(세)례의 기원

우리는 흔히 침(세)례가 신약시대의 개념이라고 생각합니다. 그렇습니다. 교회의 역사를 살펴보면 '침(세)례'라는 용어는 신자가 자신의 믿음을 공적으로 선언하는 의식으로서, 특별히 새롭게 그리스도인이 된 사람들이 물속에 잠기고, 일어남을 통해 그리스도의 죽음과 부활을 믿었음을 강조하는 표현이었습니다.

그러나 동시에 침(세)례의식은 그리스도의 죽음과 부활 이후에 생겨난 것이 아니라는 사실을 기억할 필요가 있습니다. 예수님의 성육신 이전에도 침(세)례는 유대인들 사이에서는 일반적인 관행이었고, 그것은 다른 문화에서도 마찬가지였습니다. 사실 예수님 자신도 공생애를 시작하실 때 침(세)례 요한에게 침(세)례를 받으셨습니다(마 3:13-17).

구약성경 전반에 걸쳐 나타나는 침(세)례의 기원을 알아보려면 성경의 이야기를 한참이나 거슬러 올라가야 합니다. 첫째로, 구약성경에는 하나님께서 물을 사용하여 심판과 구원 모두를 이루신 경우가 있습니다. 가장 대표적으로 노아의 홍수와 이스라엘의 출애굽 사건을 들 수 있을 것입니다.

이 두 사건에서 하나님께서는 물을 도구로 하여 하나님을 대적해 반역을 꾀한 악한 자들을 파멸시키셨습니다. 동시에 하나님은 그분을 신뢰하는 자들을 물에서 건져 구원하셨습니다. 이 두 사건은 모두 그리스도의 죽음과 부활을 통해 장차 임하게 될 하나님의 구원을 미리 보여주는 사건이며, 침(세)례의 성경적 근거가 됩니다.

- 창세기 7:11–8:14을 읽어 보십시오. 본문을 읽을 때 여러분은 무엇을 느꼈습니까?

- 출애굽기 14:15–31을 읽어 보십시오. 이 구절은 하나님의 심판과 구원 모두에 대해 무엇을 보여주고 있습니까?

신약성경에서 행해지는 침(세)례의 또 다른 중요한 성경적 근거는 정결을 위한 수단으로써 물이 사용되었다는 것입니다. 하나님의 임재가 있는 곳으로 나아갈 때 하나님의 백성은 죄의 더러움을 물로 씻어야 했는데, 이것은 상징적인 의식이었습니다. 정결 의식은 구약의 율법 안에 두루 언급되어 있습니다(예, 레 14:8). 그러나 꼭 살펴보아야 할 본문 가운데 하나는 이스라엘 백성이 죄 씻음을 받기 위해 매해 하나님께 간구하는 절기인 속죄일을 설명하는 레위기 16장입니다.

> 23 아론은 회막에 들어가서 지성소에 들어갈 때에 입었던 세마포 옷을 벗어 거기 두고 24 거룩한 곳에서 물로 그의 몸을 씻고 자기 옷을 입고 나와서 자기의 번제와 백성의 번제를 드려 자기와 백성을 위하여 속죄하고 [레위기 16:23-24]

• 레위기 16:20-28을 읽어 보십시오. 본문이 신약의 침(세)례와 어떤 관련이 있다고 생각하십니까?

마지막으로 열왕기하 5장이 소개하는 나아만의 이야기는 신약성경의 침(세)례가 담고 있는 순종의 요소를 보여주는 좋은 예입니다. 나아만은 나병에 걸린 유명한 이방의 군대 장관이었습니다. 그는 이스라엘인이었던 여종으로부터 선지자 엘리사에게 병을 고치는 능력이 있다는 소식을 듣습니다. 그리고 마침내 엘리사를 찾아가지만 나아만은 그로부터 이해하기 어려운 처방을 받습니다.

> 엘리사가 사자를 그에게 보내 이르되 너는 가서 요단 강에 몸을 일곱 번 씻으라 네 살이 회복되어 깨끗하리라 하는지라 [열왕기하 5:10]

처음에 나아만은 엘리사의 명령에 모욕감을 느꼈습니다. 병을 고치기 위해서 더러운 강물에 몸을 씻으라니. 나아만은 그와는 다른 어떤 처방을 엘리사가 내렸어야 했다고 생각했습니다. 그러나 결국 그는 선지자의 처방을 따르기로 했습니다. 그리고 그렇게 순종했을 때, 나아만은 고침을 받았습니다.

• 나아만의 이야기 전체를 읽어 보십시오(왕하 5:1-19). 어떤 구절이 가장 흥미롭게 와 닿습니까? 이유는 무엇입니까?

• 오늘날 우리가 행하는 침(세)례식에서 순종이 매우 중요한 요소인 이유는 무엇입니까?

개인학습2

신약성경에 나타난 세 번의 침(세)례

이번 과에서 살펴본 것처럼 신약성경에는 침(세)례와 관련된 명령과 설명이 많이 있습니다. 물론 이러한 말씀과 설명이 오늘날 교회에서 침(세)례식을 행하고자 하는 우리에게 도움이 된다는 것은 명백한 사실입니다. 하지만 이에 못지않게 우리는 성경에서 실제로 사람들이 침(세)례를 받는 장면들을 주목해 볼 필요가 있습니다. 자, 이제 그 중에서 세 장면을 살펴보도록 하겠습니다.

첫 번째 장면은 사도행전 앞부분에 등장합니다. 침(세)례는 예수님의 죽음과 부활 후 속죄일에 행해진 중요한 의식 가운데 하나였습니다(이날은 초대교회가 공적으로 시작된 날이기도 합니다).

> 41 그 말을 받은 사람들은 침(세)례를 받으매 이 날에 신도의 수가 삼천이나 더하더라 42 그들이 사도의 가르침을 받아 서로 교제하고 떡을 떼며 오로지 기도하기를 힘쓰니라 [사도행전 2:41–42]

오랫동안 42절은 이상적인 그리스도인 공동체의 모습을 보여준다고 간주되어 왔고, 우리도 이러한 이상적인 공동체가 오늘날에도 구현될 수 있기를 바라고 있습니다. 우리는 교회란 제자들이 자유롭고 평화롭게 모여, 함께 배우고, 함께 떡을 떼며, 함께 기도하는 곳이어야 한다고 생각합니다. 그러나 이 경우에도 우리는 침(세)례가 가장 우선적이었다는 사실을 기억해야 합니다. 초대교회의 구성원들에게 있어서도 말입니다. 언제나 침(세)례는 그리스도의 지체로서 우리가 드려야 할 첫 번째 순종의 행위가 되어야 합니다.

• 교회에서 여러분은 어떻게 침(세)례식을 도울 수 있을까요?

사도행전을 계속해 읽어가다 보면 에티오피아 내시의 이야기를 만나게 됩니다. 이 이야기는 우리가 누군가와 복음을 나누게 될 때, 침(세)례의 중요성과 긴급성을 언급해야 할 필요가 있다는 것을 상기시켜 줍니다.

• 사도행전 8:26-40을 읽어 보십시오. 이 본문에서 제일 좋았던 것은 무엇입니까? 그 이유는 무엇입니까?

• 여러분은 얼마나 확신을 가지고 침(세)례의 의미와 중요성을 다른 사람에게 가르치십니까?

• 여러분은 얼마나 확신을 가지고 다른 제자들이 예수님의 명령에 순종하여 침(세)례를 받을 수 있도록 독려하십니까?

마지막으로, 오랫동안 고넬료의 회심 이야기(행 10장)는 신약성경에서 분수령이 되는 말씀으로 이해되어 왔습니다. 이 이야기는 복음이 이스라엘뿐만 아니라, 모든 인류를 위한 것임을 사도 베드로와 초대교회 지도자들이 진심으로 깨닫게 되는 사건을 소개합니다.

• 사도행전 10:17-43에 있는 고넬료의 이야기를 읽어 보십시오. 이 이야기가 하나님에 대해 알게 해주는 것은 무엇입니까?

이어 고넬료의 집에서 놀라운 일이 벌어집니다.

> 44 베드로가 이 말을 할 때에 성령이 말씀 듣는 모든 사람에게 내려오시니 45 베드로와 함께 온 할례 받은 신자들이 이방인들에게도 성령 부어 주심으로 말미암아 놀라니 46 이는 방언을 말하며 하나님 높임을 들음이러라 47 이에 베드로가 이르되 이 사람들이 우리와 같이 성령을 받았으니 누가 능히 물로 침(세)례 베풂을 금하리요 하고 48 명하여 예수 그리스도의 이름으로 침(세)례를 베풀라 하니라 그들이 베드로에게 며칠 더 머물기를 청하니라 [사도행전 10:44-48]

이 본문은 우리에게 구원이 가져오는 변화의 역사가 단지 우리와 같은 사람들뿐만 아니라 모든 사람에게 주시는 하나님의 선물임을 상기시켜 줍니다. 또한 본문은 침(세)례가 하나님 나라의 구성원 모두가 내딛어야 할 신앙의 첫 걸음이라는 사실을 분명히 말해줍니다.

4과

예수님과 함께하는 시간

여러분은 하나님을 깊이 그리고
개인적으로 알아가도록 창조되었습니다.

시작하기

복습

우리는 이전 과에서 침(세)례를 통해 어떻게 예수님을 따를 수 있는가에 대해 살펴보았습니다. 침(세)례는 신자가 예수님이 주님이시며 그리스도와 교회는 하나임을 선언하는 것입니다. 침(세)례는 예수님의 제자가 드려야 할 첫 순종의 행위이고, 우리의 시민권이 옮겨졌음을 세상에 증거하는 행위입니다. 우리는 이제 그리스도께 속하였고, 따라서 그분의 몸된 교회의 일원이 되었습니다.

이번 과의 주제로 옮겨가기 전에, 한 주간 여러분이 배웠던 내용을 복습해 보는 시간을 가져보십시오.

Q 이번 주에는 어떤 과제를 하셨습니까? 과제는 어땠습니까?

Q 여러분은 성경을 읽으면서 무엇을 배우고 경험했습니까?

Q 묻고 싶은 질문이 있습니까?

기도

하나님께 기도함으로 이번 과를 시작하십시오. 다음 안내를 따라 기도해 보시기 바랍니다.

- 이번 주 여러분의 삶 속에 함께 해주신 하나님께 감사하십시오.
- 지금 이 순간 여러분의 마음을 어지럽히는 것들을 제거해 주셔서, 여러분으로 하여금 그분의 말씀에만 집중할 수 있도록 하나님께 간구하십시오.
- 오늘 성경을 공부를 할 때 하나님께서 여러분에게 말씀해 달라고 기도하십시오.

도입

우리는 연예인들에게 관심이 참 많습니다. 마트에서 판매하는 잡지에서부터 웹사이트와 소셜 미디어에 이르기까지 오늘날 사람들은 연예인에 대해 알고 싶어합니다. 어떤 옷을 입었는지, 누구와 사귀는지, 어디에서 밥을 먹고, 쇼핑을 하며, 어떤 스포츠 경기를 관람하는지를 알고 싶어 합니다. 더욱이 우리는 종종 이 모든 것들의 세부사항과 그 이상의 것을 24시간 제공받기도 합니다.

연예인들에 대한 이러한 집착은 자신보다 더 큰 어떤 존재와 교제하고 싶은 우리의 욕구에 근거합니다. 사실 우리가 연예인에 대해 집착하는 것은 하나님과 교제하고 싶은 욕구 때문입니다. 피조물로서 우리는 창조주를 알고 그분께 알려지고 싶은 본능을 가지고 태어났습니다. 우리 모두는 하나님을 깊이 그리고 개인적으로 알도록 창조되었습니다.

이러한 진실이 사라져 버리도록 방치하지 마십시오. 여러분은 하나님을 깊이 그리고 개인적으로 알아가도록 창조되었습니다.

그런데 여기에 기쁜 소식이 있습니다. 여러분은 그렇게 할 수 있습니다. 연예인들과의 의미 있는 만남이 없을지는 몰라도, 예수님의 제자인 여러분에게는 이와는 비교할 수 없을 정도로 좋은 만남이 있습니다. 바로 창조주 하나님과 나누는 매일의 만남 말입니다.

하나님은 여러분과 만나기를 원하십니다. 하나님은 여러분이 그분을 알고, 그분께 가까이 나아가며, 그분의 음성을 듣고, 그분의 인도하심을 따라 살아가기를 바라십니다.

Q 여러분은 하나님을 깊이 그리고 개인적으로 알아가도록 창조되었습니다. 이 사실에 대한 여러분의 생각은 무엇입니까?

성경 관찰

다음 이야기는 예수님과 개인적으로 친분이 있는 두 여인에 관한 이야기입니다. 그들의 이름은 마리아와 마르다입니다. 그들은 나사로라는 이름을 가진 남자의 누이들이었으며, 요한복음에 따르면, "예수께서 본래 마르다와 그 동생과 나사로를 사랑하셨습니다"(요 11:5)

예수님은 불특정 다수에게 하듯이 막연하게 마리아와 마르다를 사랑하신 것이 아닙니다. 하나님이 모든 사람을 사랑하신다는 말은 맞기는 하지만 사실 그 이상입니다. 예수님은 진실한 인간적 애정을 가지고 마리아와 마르다, 그리고 나사로를 대하셨습니다.

어느 날 이들이 사는 지역 가까이에서 사역하시며 가르치실 때, 예수님은 친구의 집에 들러 저녁 식사를 하기로 하셨습니다. 여기에 그 이야기가 있습니다.

> 38 그들이 길 갈 때에 예수께서 한 마을에 들어가시매 마르다라 이름하는 한 여자가 자기 집으로 영접하더라 39 그에게 마리아라 하는 동생이 있어 주의 발치에 앉아 그의 말씀을 듣더니 40 마르다는 준비하는 일이 많아 마음이 분주한지라 예수께 나아가 이르되 주여 내 동생이 나 혼자 일하게 두는 것을 생각하지 아니하시나이까 그를 명하사 나를 도와 주라 하소서41 주께서 대답하여 이르시되 마르다야 마르다야 네가 많은 일로 염려하고 근심하나 42 몇 가지만 하든지 혹은 한 가지만이라도 족하니라 마리아는 이 좋은 편을 택하였으니 빼앗기지 아니하리라 하시니라 [누가복음 10:38-42]

Q 이 이야기에서 흥미로운 점은 무엇입니까? 이유를 말해보십시오.

Q 마리아와 마르다, 그리고 예수님이 나누는 대화를 통해 여러분은 예수님에 대해 무엇을 알게 되었습니까?

두 여인은 당장 필요한 일을 해야 할지, 아니면 예수님과 함께 시간을 보내야 할지 둘 중의 하나를 선택해야만 했습니다. 여기서 잊지 말아야 할 것은 누가 '올바른 선택'을 했는지를 예수님께서 결정하셨다는 것입니다.

기도는 우리가 원하는 것을 하나님께서 해주시도록 만드는 수단이 아닙니다. 오히려 기도는 하나님이 원하시는 것을 알기 위해 우리가 그분께 나아가도록 해주는 것입니다.

성경해설

기도를 통해 하나님과 대화하기

예수님의 제자인 여러분에게는 매일 그분과 함께 시간을 보낼 기회가 있습니다. 그러므로 마리아와 마르다처럼 여러분도 선택을 해야 합니다. 인생의 필요와 좌절감으로 긴급한 일에 곧바로 뛰어들 수도 있고, 뒤로 물러나 얼마간 하나님과 대화하는 시간을 가질 수도 있습니다.

여러분은 '어떻게 하나님과 대화를 나눌 수 있을까?'하고 궁금해할지도 모릅니다. 그렇다면 무엇보다 마리아가 예수님께 가까이 나아가기 위해 했던 행동을 주목해 보십시오. 그녀는 예수님의 발치에 앉아서 말씀을 들었습니다. 그렇습니다! 그것이 전부입니다. 규칙적으로 하나님께 가까이 나아가 여러분에게 주시는 하나님의 음성을 듣는 것이 그분과의 깊고 개인적인 관계를 돈독히 하는 열쇠입니다.

Q 매일 예수님과 함께하는 시간을 방해하는 것들은 무엇입니까?

기도는 하나님과 대화하고 그분의 음성을 듣는 최고의 방법 중 하나입니다. 사람들은 자주 기도에 관해서 혼돈을 느낍니다. 기도의 의미는 무엇이며, 기도를 통해 무엇을 얻게 되는가? 그러나 본질적으로 기도란 단순히 하나님과 대화하는 것입니다. 기도는 여러분의 마음을 하나님께 아뢰고, 그분이 말씀하실 때 주의 깊게 듣는 것입니다.

기도는 요술램프나 영적 자판기가 아니라는 점을 명심하십시오. 기도는 우리가 원하는 것을 하나님께서 해주시도록 만드는 수단이 아닙니다. 오히려 기도는 하나님이 원하시는 것을 알기 위해 우리가 그분께 나아가도록 돕습니다.

우리가 기도할 때, 하나님은 우리를 그분 자신께로 이끄십니다. 이런 이유로 매일 우리 삶을 기도로 가득 채우는 것은 친밀하게 하나님을 알아가고 경험하는 첫 걸음이 됩니다.

Q 여러분이 기도에 대해 생각할 때 가장 크게 기대하는 것은 무엇입니까?

Q 기도의 절차나 목적에 대해서 질문하고 싶은 것이 있습니까?

말씀을 통해 하나님의 음성 듣기

성경을 읽거나, 성경의 가르침을 들을 때, 여러분은 하나님이 주시는 말씀을 듣습니다.

우리가 기도를 통해 하나님께 더 가까이 나아갈수록, 우리는 더욱 쉽게 일상 속에서 하나님의 음성을 듣고, 그분의 인도하심을 받을 수 있습니다. 이때 성경이 매우 중요한데, 그 이유는 오늘날 하나님이 우리에게 말씀하시는 주요한 방법 중 하나가 바로 성경 말씀이기 때문입니다.

성경을 읽거나, 성경의 가르침을 들을 때, 여러분은 하나님이 주시는 말씀을 듣습니다. 성경은 불변하고, 흔들림이 없으며, 변경할 수도 없고, 언제나 진실합니다. 수천 년 전에 기록되었음에도 불구하고, 성경은 그야말로 수천 년 동안 여전히 유의미할 뿐만 아니라 혁명적인 책으로 남아 있습니다.

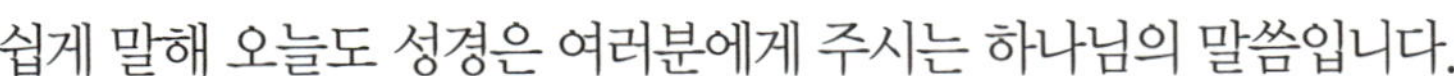

쉽게 말해 오늘도 성경은 여러분에게 주시는 하나님의 말씀입니다.

Q 여러분은 성경이 어떤 책이라고 듣고 배웠습니까?

Q 하나님의 말씀에 대해 묻고 싶은 질문이 있습니까?

성경은 삶에 필요한 분명한 원리와 실질적인 가르침을 제공합니다. 이러한 원리와 가르침은 진지하게 연구하기만 한다면 모든 제자가 쉽게 이해하고 자신의 삶에 적용할 수 있습니다.

그러므로 하나님의 말씀을 연구할 때 여러분이 갖추어야 할 가장 중요한 도구는 주석이나 성경 사전이 아니라, 겸손한 마음입니다. 마리아가 예수님의 발치에 앉음으로써 예수님의 권위에 복종했듯이, 여러분도 성경 말씀을 믿고, 순종하기로 함으로써 하나님의 말씀이 가진 권위에 복종해야 합니다.

성경을 통해 하나님의 음성을 듣고 그분의 진리를 삶에 적용할 때 여러분은 하나님과의 깊은 사랑과 친밀한 관계를 계속해서 발전시켜 가게 될 것입니다. 어린 아이들이 아버지의 목소리를 듣고 알듯이, 여러분도 하나님의 말씀을 공부해 가면서, 점차 하늘 아버지의 음성을 듣고 깨닫게 될 것입니다.

Q 성경을 공부해 가면서 여러분이 경험하기를 바라는 것은 무엇입니까?

조원들과 함께 기도함으로써 이번 과를 마무리하십시오. 영어 단어 'PRAY'를 이용해 만든 기도 방법을 따라 기도해 보십시오. 이 기도 방법은 예수님께서 제자들에게 가르쳐 주셨던 기도의 방법에 기초한 것입니다(이 기도 방법에 대한 더 상세한 설명은 75-77 페이지에 소개되어 있습니다).

- **Praise(찬양)**

하나님을 찬양하며 기도를 시작하십시오. 최근 몇 주 동안 하나님께서 여러분에게 어떤 은혜를 베푸셨는지를 돌아보십시오. 그리고 하나님을 알고 또한 경험하고 싶은 여러분의 간절한 마음을 표현해 보십시오.

- **Repent(회개)**

하나님을 더 깊이 알아가는 것에 방해가 되는 습관이나 삶의 패턴을 보여주시도록 기도해 보십시오. 여러분의 잘못을 고백하고 하나님의 용서를 구하십시오.

- **Ask(간구)**

여러분의 필요를 하나님께 아뢰고, 이번 주에 하나님과 더 가까워질 수 있도록 간구하십시오. 또한 조원들을 위해서도 기도하십시오.

- **Yield(복종)**

여러분의 모든 것을 하나님께 내어드리며 기도를 마무리하십시오. 이번 주 여러분의 삶을 그 분께 드리십시오. 하나님을 알아가고, 하나님께 쓰임 받고자 하는 여러분의 마음을 재확인하십시오.

기도제목

주간활동

하나님의 말씀을 공부하는 것과는 별도로, 인도자와 함께 다음 번 모임에 참석하기 전까지 하게 될 개인적인 연구와 예배, 그리고 적용을 위한 계획을 세워 보십시오. 시간과 개인적인 선호도를 고려하여 다음에 소개된 선택적 활동 중에서 골라 보시기 바랍니다.

예배

- 성경을 읽으십시오. 71 페이지에 있는 성경읽기표를 완성하십시오.

- 72 페이지에 있는 경건 활동에 참여하며 하나님과 함께 시간을 보내십시오.

- 매일 기도로 하나님을 만나 보십시오. 이번 주 매일 하나님과 함께 보낼 시간과 장소를 정해 보십시오. 거룩한 습관을 형성하기 위해서는 정해진 시간과 장소를 선택하는 것이 좋습니다. 아울러 하나님의 말씀을 읽고(다음 페이지 성경읽기표 참고), 여러분이 깨달은 것을 가지고 기도해 보십시오.

개인학습

- 73 페이지에 있는 “어떻게 성경을 공부할까요?”를 읽고 여러분의 생각을 정리하십시오.

- 75 페이지에 있는 “어떻게 기도할까요?”를 읽고 여러분의 생각을 정리하십시오.

적용

- 교회에 출석하십시오. 예배에 참석해 목사님이 성경을 가르치실 때 메모를 해보십시오.
- 다른 사람을 만나십시오. 이번 주에 친구나 가족 중 한 사람에게 여러분과 함께 성경을 읽고, 기도를 통해 하나님을 만나보자고 제안해 보십시오.

- 요한복음 10:14을 암송하십시오.

"나는 선한 목자라 나는 내 양을 알고 양도 나를 아는 것이"

- 여러분 자신을 표현해 보십시오. 하나님과 그분의 말씀으로부터 배우게 된 것을 여러분만의 그림이나 시 혹은 노래 등으로 표현해 보십시오.

- 기타 :

성경읽기표

이번 주는 마가복음을 읽는 것으로 시작하겠습니다.
여백에는 여러분의 생각과 반응을 적어 보십시오.

1일 마가복음 9:14-32

2일 마가복음 9:33-50

3일 마가복음 10:1-16

4일 마가복음 10:17-31

5일 마가복음 10:32-52

6일 마가복음 11:1-19

7일 마가복음 11:20-33

시간의 투자

어떤 사람을 더 잘 알고 싶다면, 여러분은 그 사람에게 시간을 투자해야 합니다. 함께 더 많은 시간을 보낼수록 여러분은 서로를 더 잘 알게 되고, 관계는 더욱 깊어질 것입니다. 관계를 잘 맺으려면 시간이 필요합니다.

하나님과의 관계에서도 똑같습니다. 여러분은 그분을 깊이 그리고 인격적으로 알아가도록 창조되었습니다. 그러나 그렇게 하려면 여러분 편에서 투자를 해야 합니다.

그러므로 하나님과 함께하는—오직 하나님과만 함께하는—시간으로 최소한 30분을 따로 떼어 보십시오. 며칠 안으로 그렇게 하십시오. 그리고 여러분에게 편안하다고 느껴지는 장소를 찾아보십시오. 모든 전자 장치들이 꺼져 있다면 여러분의 방이어도 좋고, 햇빛이 스며드는 숲속이어도 괜찮습니다. 어떤 경우이든 정해진 시간을 기도하고, 하나님의 말씀을 공부하며, 그분의 인도하심을 들을 수 있는 시간으로만 사용하십시오.

• 하나님과 함께할 시간을 정해 조원들과 나누어 보십시오.

나의 생각:

어떻게 성경을 공부할까요?

예수님의 제자들에게는 기도와 더불어 성경을 읽는 것이 필수적입니다. 성경은 인류의 역사를 변화시켜 온 기적의 책입니다. 사실 성경은 1500년 이상의 기간 동안 40여 명의 저자들이 쓴 66권의 책을 한 권으로 모아놓은 것입니다. 그럼에도 불구하고 성경은 하나님과 이 세상에서 그분이 행하신 일이라는 일관된 주제를 담고 있습니다. 성경은 하나님의 영감으로 기록된 말씀으로, 우리에게 소중한 선물로 주어진 책입니다. 이러한 이유로 성경은 우리가 집중해서 공부해 볼 만한 가치가 있는 책입니다.

아마도 여러분은 '성경을 어떻게 공부해야 하나?'하고 궁금해 할지도 모르겠습니다. 좋은 질문입니다. 우리는 성경 자체에서 이 질문에 대한 답변을 찾아볼 수 있습니다.

- 아래의 성경 본문을 읽으십시오. 본문은 여러분의 삶을 어떻게 하나님의 말씀으로 채울 수 있다고 가르칩니까?

시편 119:9-16

요한일서 2:3-6

성경에 관해 말할 때 많이 어려워하는 개념 가운데 하나는 성경이 다른 일반 책들과 다르다는 것입니다. 성경은 단순히 "그리스도인이라면 어떻게 살아야 하는가?"라는 질문에 대한 정보를 제공해 주는 영적 교과서가 아닙니다. 다시 말해 성경을 읽음을 통해 우리는 단지 정보를 얻는 것 그 이상을 경험합니다.

성경을 읽을 때 우리는 변화를 경험합니다. 더 많이 성경을 공부할수록 여러분은 예수님의 제자로 더 많이 변화하고 성숙해집니다. 성경도 이러한 사실을 증언합니다.

> 하나님의 말씀은 살아 있고 활력이 있어 좌우에 날선 어떤 검보다도 예리하여 혼과 영과 및 관절과 골수를 찔러 쪼개기까지 하며 또 마음의 생각과 뜻을 판단하나니 [히브리서 4:12]

16 모든 성경은 하나님의 감동으로 된 것으로 교훈과 책망과 바르게 함과 의로 교육하기에 유익하니 17 이는 하나님의 사람으로 온전하게 하며 모든 선한 일을 행할 능력을 갖추게 하려 함이라 [디모데후서 3:16-17]

• 여러분 자신의 언어로 성경이 다른 책들과 어떻게 다른지 말해보십시오.

이러한 까닭에 성경을 공부하는 핵심적인 비결 중의 하나는 애당초 성경을 문자 그대로 하나님의 말씀으로 이해하는 것입니다. 다시 말해 성경은 궁극적으로 사람이 아닌, 하나님으로부터 기원한 초자연적인 책입니다.

그러므로 여러분은 겸손한 자세와 기대하는 마음으로 성경을 대해야 합니다. 아래 질문들은 여러분이 변화와 적용에 초점을 맞추어 성경을 공부하는데 도움이 될 것입니다.

• 이 본문은 어떤 원리와 진리를 말해주고 있는가?

• 이 본문에서 어떤 명령과 약속을 발견할 수 있는가?

• 이 본문이 내 삶에 던져주는 함의는 무엇인가?

결론적으로 성경 말씀을 공부할 때 예수님께서 해주신 말씀을 기억하십시오.

31 그러므로 예수께서 자기를 믿은 유대인들에게 이르시되 너희가 내 말에 거하면 참으로 내 제자가 되고
32 진리를 알지니 진리가 너희를 자유롭게 하리라 [요한복음 8:31-32]

• 이번 과에서 배운 내용이 여러분의 성경공부 방법을 어떻게 바꾸어 놓게 될까요?

어떻게 기도할까요?

여러분도 잘 알고 있듯이 예수님을 따르며 그분과 정기적인 만남을 원하는 사람에게 있어서 기도는 필수입니다. 사실 기도는 크리스천이 하나님께 말하고, 하나님께서 말씀하시는 것을 듣는 데 있어서 가장 중요하고 우선적인 도구입니다.

쉽게 말해 기도는 우리가 하나님과 함께 나누는 인격적인 관계의 기초입니다.

기도한다는 것은 무슨 말입니까? 그리고 실제로 우리는 기도할 때 어떤 단계를 거칩니까? 이러한 질문을 가볍게 여겨서는 안 됩니다. 감사하게도 우리에게는 예수님께서 보여주신 기도의 모본이 있습니다. 제자들에게 기도를 가르치시면서, 예수님께서는 하나님과 대화를 나눌 때 어떠한 요소들이 꼭 있어야 하는지를 모범적인 기도를 통해 보여 주셨습니다.

마태복음에서 주기도문을 한 번 살펴보십시오.

9 그러므로 너희는 이렇게 기도하라 하늘에 계신 우리 아버지여 이름이 거룩히 여김을 받으시오며 10 나
라가 임하시오며 뜻이 하늘에서 이루어진 것 같이 땅에서도 이루어지이다 11 오늘 우리에게 일용할 양식
을 주시옵고 12 우리가 우리에게 죄 지은 자를 사하여 준 것 같이 우리 죄를 사하여 주시옵고 13 우리를
시험에 들게 하지 마시옵고 다만 악에서 구하시옵소서 [마태복음 6:9–13]

- 주기도문에서 여러분에게 두드러지게 다가오는 것은 무엇입니까?

- 과거에 여러분이 기도를 통해 경험했던 것을 나누어 보십시오.

이 교재 67 페이지에서 여러분은 영어 단어 'PRAY'를 이용해 만든 기도 방법으로 훈련을 했습니다. 이 방법은 주기도문에 소개된 다양한 기도의 요소들을 기억하는데도 도움을 줍니다.

- **P는 찬양을 의미합니다.**

예수님은 하나님을 향한 찬양으로 그의 기도를 시작하셨습니다. "하늘에 계신 우리 아버지여 이름이 거룩히 여김을 받으시오며"(9절). 기도의 자리에서 너무 성급하게 여러분의 요구사항과 해결해야 할 문제들을 늘어놓지 마십시오. 처음에는 그분이 어떤 분이신지에 대해 찬양하고, 여러분의 삶 속에서 이루신 선한 일들에 대해 감사하십시오.

- **R은 회개를 의미합니다.**

회개는 여러분이 가던 길에서 돌이켜 예수님을 따르는 것을 의미합니다. 예수님은 기도하셨습니다. "나라가 임하시오며 뜻이 하늘에서 이루어진 것 같이 땅에서도 이루어지이다 오늘 우리에게 일용할 양식을 주시옵고"(10-11절). 그분의 뜻을 무시하거나 저버린 삶의 영역이 있다면 그것을 보게 해 달라고 하나님께 기도하십시오. 주님께 자백하십시오. 그리고 그 길에서 돌아서 전심으로 예수님을 따르십시오.

- **A는 간구를 의미합니다.**

이어 예수님께서는 11-13절에서 "주시옵고...사하여 주시옵고...구하시옵소서"라고 하시며 매일의 필요를 구하는 기도를 드리셨습니다. 기도의 자리에서 하나님께 여러분과 다른 사람들의 필요를 채워달라고 간구하십시오.

- **Y는 복종을 의미합니다.**

기도의 자리에서 여러분의 의지는 하나님 앞에서 굴복되어야 합니다. 기도할 때 우리는 하나님이 우리의 아버지이심을 자각하게 됩니다. 그분은 왕이시며, 우리의 육체적, 영적인 필요를 채우시는 분입니다. 기도의 자리에서 우리는 우리의 계획을 내려놓고, 모든 삶의 영역에 있어서 하나님께서 우리를 인도해 주실 것을 간청하게 됩니다.

또한 기도에는 말하는 것과 듣는 것, 둘 모두가 포함되어 있음을 기억하는 것이 중요합니다. 하나님께 우리의 생각과 바람과 두려움, 요구 모두를 아뢰는 것만큼이나, 우리 역시 응답하시는 그분의 음성에 귀를 기울여야 합니다. 이러한 경청은 매우 의도적인 행위입니다. 하나님께서 우리의 마음에 말씀하시는 것을 적극적으로 듣기 위해 내외적인 산만함의 요소들을 제거해야 합니다.

- 여러분은 하나님께 귀를 기울여 그분의 음성을 듣고 있습니까? 얼마나 확신을 가지고 대답할 수 있습니까?

- 몇 분간 위에서 소개된 'PRAY' 기도방법으로 기도해 보십시오. 어떻습니까?

5과

공동체의 복

예수님을 따르는 것은 개인적이지만,
결코 혼자 하는 것이 아닙니다.

시작하기

복습

이전 과에서 살펴보았듯이 모든 사람은 하나님을 깊이 그리고 개인적으로 알아가도록 창조되었습니다. 이것은 가능하다면 언제라도 붙들고 놓치지 말아야 할 엄청난 복입니다. 예수님의 제자인 우리에게는 하나님께 기도하고 의식적으로 그분의 말씀을 대함으로써 하나님을 만나야 할 책임과 특권이 있습니다.

Q 이번 주에는 어떤 과제를 하셨습니까? 과제는 어땠습니까?

Q 여러분은 성경을 읽으면서 무엇을 배우고 경험했습니까?

Q 묻고 싶은 질문이 있습니까?

기도

하나님께 기도함으로 이번 과를 시작하십시오. 다음 안내를 따라 기도해 보시기 바랍니다.

- 한 공동체의 지체로서 서로 만날 수 있는 특권을 주신 하나님께 감사하십시오.
- 이전에 여러분이 교회에서 겪었던 경험을 포함해서 교회의 모임에 대한 여러분의 감정을 솔직하게 하나님께 아뢰어 보십시오.
- 하나님의 공동체 안에서 여러분이 있어야 할 곳과 교제할 수 있는 곳을 찾을 수 있도록 지혜를 간구해 보십시오.

도입

영화 〈캐스트 어웨이〉에서 톰 행크스는 척 놀랜드라는 호감가는 남자역을 맡았습니다. 영화 초반에 그가 탄 비행기가 태평양에 추락합니다. 유일한 생존자인 척은 미지의 섬에서 고립된 채 홀로 4년을 지내게 됩니다.

그러나 척은 혼자가 아니었습니다. 그는 비행기의 뒤엉클어진 잔해 속에서 배구공 하나를 발견합니다. 그는 배구공에 대충 얼굴을 그리고는 윌슨이라는 이름을 붙여주었습니다. 그 이후로 척은 윌슨을 데리고 섬 주위를 거닐기 시작합니다. 그는 윌슨과 오래도록 대화를 나누었고, 심지어 매우 중요한 결정을 내릴 때나, 생명의 위협을 느끼는 상황에서도 척은 그 배구공과 진지한 토론을 벌입니다.

마침내 척은 뗏목을 만들어 섬의 암초를 피해 탈출을 시도합니다. 이때에도 그는 윌슨을 데리고 갑니다. 그러나 그가 구조되는 과정에서 윌슨을 잃어버렸을 때, 척은 친구의 "죽음"으로 인해 주체할 수 없는 눈물을 쏟아냅니다.

물론 척의 이야기는 소설이긴 합니다만, "사람은 공동체 속에서 살아가도록 창조되었다"는 중요한 진리를 보여주는 좋은 예화이기도 합니다.

Q 오랜 시간 혼자 있을 때 여러분은 어떤 감정을 느낍니까?

Q 예수님을 따르는 것은 결코 혼자서 하는 것이 아니라는 진리를 여러분은 어떻게 생각하십니까?

성경이야기

성경관찰

인류의 역사에는 모든 것을 바꾸어 놓은 혁명적인 사건들이 있습니다. 이 특별한 사건들은 새로운 시대와 새로운 미래, 그리고 새로운 인류의 시작을 알립니다. 하나님께서는 2000년 전 교회 시대를 여심으로써 그러한 혁명이 일어나게 하셨습니다. 부활하신 후에 예수님께서는 제자들에게 이렇게 약속하셨습니다.

> 오직 성령이 너희에게 임하시면 너희가 권능을 받고 예루살렘과 온 유대와 사마리아와 땅 끝까지 이르러 내 증인이 되리라 하시니라 [사도행전 1:8]

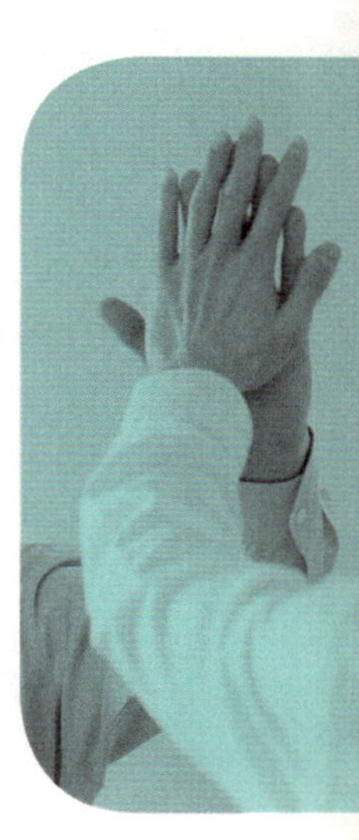

이 약속은 몇 주 후에 성취되기 시작했습니다. 예수님의 제자들이 함께 모여 기도하는 동안 성령이 그들에게 임하셔서 각 사람이 권능을 받았습니다. 이 권능으로 베드로는 예루살렘 사람들에게 복음을 선포했고, 3000명 이상이 예수님을 따르게 되었습니다.

이것은 초대교회의 태동에 있어서 매우 중요한 사건이었습니다. 그런데 어떻게 새롭게 형성된 신자의 공동체가 서로 하나가 될 수 있었을까요? 한 번 확인해 보십시오.

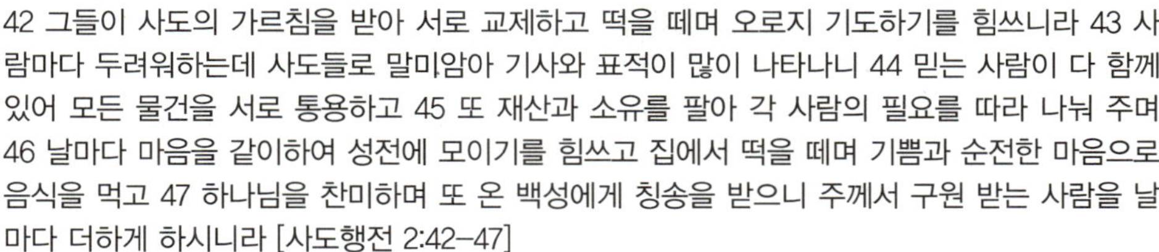

42 그들이 사도의 가르침을 받아 서로 교제하고 떡을 떼며 오로지 기도하기를 힘쓰니라 43 사
람마다 두려워하는데 사도들로 말미암아 기사와 표적이 많이 나타나니 44 믿는 사람이 다 함께
있어 모든 물건을 서로 통용하고 45 또 재산과 소유를 팔아 각 사람의 필요를 따라 나눠 주며
46 날마다 마음을 같이하여 성전에 모이기를 힘쓰고 집에서 떡을 떼며 기쁨과 순전한 마음으로
음식을 먹고 47 하나님을 찬미하며 또 온 백성에게 칭송을 받으니 주께서 구원 받는 사람을 날
마다 더하게 하시니라 [사도행전 2:42-47]

Q 본문에서 가장 흥미롭다고 생각되는 것은 무엇입니까?

Q 초대교회 성도들이 서로를 대하는 여러 방법을 찾아 동그라미를 쳐보십시오. 어떤 것이 가장 흥미롭습니까? 이유는 무엇입니까?

성경해설

교회란 무엇입니까?

오늘날 사람들은 "교회"를 흔히 교회 건물로 생각합니다. 다시 말해 교회 또는 "교회에 가는 것"을 생각할 때, 우리는 보통 벽돌 건물이나 뾰족탑, 혹은 예배당이나 주차장 등을 떠올리곤 합니다.

교회란 주님이신 예수 그리스도를 따르는 사람들의 공동체입니다.

또한 사람들은 보통 "교회"를 그리스도인들이 하는 활동, 예를 들면 설교, 찬양, 주일학교 등과 연관을 지어 생각합니다. 이러한 연상은 타당하고, 진실을 말해주고 있기는 하지만, 사실 교회는 그 이상입니다.

Q "교회" 라는 단어를 들을 때 어떤 생각이 떠오르십니까?

Q 과거 교회에서 경험한 것들을 나누어 보십시오.

사실 교회는 건물이나 어떤 구조물의 집합이 아닙니다. 오히려 교회는 사람들의 모임입니다. 교회는 공동체입니다. 같은 맥락에서 우리가 행하는 활동이 아니라, 예수님을 따르는 바로 우리가 교회입니다.

교회의 정의는 '주님이신 예수 그리스도를 따르는 사람들의 공동체'를 의미합니다.

Q 이러한 교회의 정의에 대해 여러분은 어떻게 반응하시겠습니까?

모든 공동체는 특별한 행동과 활동을 위해 모입니다. 골프 모임은 함께 모여 골프를 치고, 쇼핑 모임은 함께 모여 마트나 백화점을 돌며, 마음에 드는 물건을 찾아 구입하고, 구입한 물건과 그 가격에 대해 서로 즐겁게 대화를 나눕니다.

사도행전 2장에 소개된 신자들의 공동체 역시 함께 모여 어떤 공통된 활동을 했습니다. 그들은 함께 모여 성경을 연구하고 토론했고, 하나님을 예배했으며, 굴곡 많은 인생길에서 함께 모여 교제하고, 함께 먹고, 함께 기도하고, 서로의 필요를 채워 주었을 뿐만 아니라, 이 세상에 예수님의 사랑을 전했습니다.

교회의 목적은 무엇입니까?

교회가 존재하는 주된 목적은 두 가지입니다:

1. 그리스도를 따르는 자들로서 서로를 지지하고, 격려하며, 모든 면에 있어 잘 갖추어질 수 있도록 서로를 돕는 것
2. 하나님 나라의 대사로서 이 세상에서 하나님의 사역을 완수할 수 있도록 섬기는 것.

서로에 대한 사랑 때문에, 초대 교인들은 기꺼이 자신들의 소유를 내놓았습니다. 서로의 필요를 채우기 위해서 말입니다. 이러한 헌신이 사람들의 눈에 띄지 않을 수는 없었을 것입니다.

Ⓠ 교회에 참여하고자 할 때 여러분은 무엇을 기대하십니까?

이 두 가지 목적은 사도행전에서 찾아볼 수 있습니다. 교회의 구성원들이 서로를 어떻게 돌보는지를 주목해 보십시오. "또 재산과 소유를 팔아 각 사람의 필요를 따라 나눠 주며" [행 2:45]

서로에 대한 사랑 때문에, 초대 교인들은 서로의 필요를 채우기 위해 기꺼이 자신들의 소유를 내놓았습니다. 이러한 헌신이 사람들의 눈에 띄지 않을 수는 없었을 것입니다.

초대 교인들이 적극적으로 서로를 사랑하고 복음을 전하는 모습을 보고, 교회 밖의 사람들은 궁금해했습니다. '도대체 무엇이 이들을 변화시켜 서로에게 연민을 느끼고, 서로를 돌보게 하는 것일까?' 결국 그들은 이 변화의 원인이 다름 아닌 그리스도 때문이라는 것을 깨달았고, 그 결과로 구원받는 사람이 날마다 늘어났습니다(행 2:47 하반절).

Q 다른 사람들을 도울 때 여러분은 어떤 감정을 느끼십니까? 이유는 무엇입니까?

Q 여러분은 공동체의 격려나 지지를 받아본 적이 있습니까?

때론 예수님의 제자인 여러분 자신이 도움을 받아야 할 때가 있을 것입니다. 이런 때에 여러분은 신자들의 공동체인 교회를 통해 지지와 격려를 받을 수 있습니다. 또한 다른 사람이 여러분의 도움을 필요로 할 때도 있을 것입니다. 하나님의 사랑을 구체적으로 표현하는 차원에서 여러분이 그들의 필요를 채우기 위해 무엇인가를 하게 될 때 여러분은 엄청난 성취감을 느끼게 될 것입니다.

친숙해지기

교회가 존재하는 중요한 이유 가운데 하나는 필요할 때마다 서로를 지지해 주기도 하고, 지지를 받기도 하는 공동체로서 기능하기 때문입니다. 교회는 비난과 비웃음에 대한 두려움 없이, 그리스도인들이 서로를 격려하고 서로를 돕는 그런 안전한 장소입니다—이곳에서 우리는 이기심이 아닌 사랑으로 행동합니다.

교회는 예수님께서 말씀하신 비전의 실체입니다.

34 새 계명을 너희에게 주노니 서로 사랑하라 내가 너희를 사랑한 것 같이 너희도 서로 사랑하라 35 너희가 서로 사랑하면 이로써 모든 사람이 너희가 내 제자인 줄 알리라 [요한복음 13:34-35]

교회 안에서 서로를 향한 지원과 지지를 경험하기 위해 우선적으로 교인들 간에 정직한 대화를 나누는 것이 필요합니다. 만일 동료 교인들의 필요를 모른다면 여러분은 그들을 위해 기도하거나, 실질적인 도움을 베풀 수 없을 것입니다. 마찬가지로 여러분이 겪고 있는 갈등과 어려움을 드러내지 않는다면, 여러분 역시 기도의 후원을 받거나 실질적 도움을 받을 수 없을 것입니다.

그러므로 다음 두 가지 질문을 가지고 대화하는 시간을 가져보십시오. 이렇게 하려는 이유는 여러분에게 억지로 책임을 지워 다른 사람들을 돌보게 하려는 것이 아닙니다. 오히려 이 대화의 목적은 여러분이 상호지원의 경험을 맛볼 수 있도록 삶의 더 깊고 세밀한 부분을 나누는 훈련을 하게 하려는 것입니다.

Q 최근에 여러분이 누군가의 도움을 필요로 했던 때는 언제였습니까?

Q 여러분이 현재 자신이 없고, 미숙하다고 느끼는 삶의 영역은 무엇입니까?

기도제목

주간활동

하나님의 말씀을 공부하는 것과는 별도로, 인도자와 함께 다음 번 모임에 참석하기 전까지 하게 될 개인적인 연구와 예배, 그리고 적용을 위한 계획을 세워 보십시오. 시간과 개인적인 선호도를 고려하여 다음에 소개된 선택적 활동 중에서 골라 보시기 바랍니다.

예배

- 성경을 읽으십시오. 89 페이지에 있는 성경읽기표를 완성하십시오.

- 90 페이지에 있는 경건 활동에 참여하며 하나님과 함께 시간을 보내십시오.

개인학습

- 91 페이지에 있는 "교회를 묘사하는 두 가지 그림"을 읽고 여러분의 생각을 정리해 보십시오.

- 94 페이지에 있는 "교회가 거행하는 두 가지 의식"을 읽고 여러분의 생각을 정리해 보십시오.

적용

- 교회의 일원이 되십시오. 이번 주에 목회자나 담당 사역자를 찾아가 공식적으로 교회의 일원이 되기 위해 밟아야 할 과정과 준비할 내용들이 있는지 상의하십시오.

- 고린도전서 12:27절을 암송하십시오. "너희는 그리스도의 몸이요 지체의 각 부분이라"

- 친구를 초대하십시오. 여러분이 교회에서 경험한 유익들을 친구들에게 소개하고, 그들을 여러분의 교회에 초대해 보십시오

- 사교적이 되십시오. 이번 주에 시간을 내서 교인 중 한 명과 교제하십시오. 함께 점심을 먹거나, 커피를 마시며 담소를 나누는 것도 좋고, 영화를 보거나, 게임 등을 하는 것도 좋습니다. 교회 공동체 안에 있다는 것은 여러분의 특권입니다. 의도적으로 그 특권을 누려보십시오.

- 기타 :

성경읽기표

이번 주는 마가복음을 읽는 것으로 시작하겠습니다.
여백에는 여러분의 생각과 반응을 적어 보십시오.

1일 마가복음 12:1-17

2일 마가복음 12:18-34

3일 마가복음 12:35-44

4일 마가복음 13:1-13

5일 마가복음 13:14-37

6일 마가복음 14:1-21

7일 마가복음 14:22-31

예배에 대한 평가

교회 공동체에 동참하여 누릴 수 있는 가장 큰 특권 중의 하나는 예배입니다. 예수님의 제자인 우리가 함께 모일 때, 우리는 자연스럽게 하나님을 향한 헌신과 그분이 이루신 모든 것에 대한 감사로 하나가 됩니다. 이것을 공적 예배라고 합니다.

이런 이유로 거의 모든 교회의 모임에는 예배의 요소가 있습니다. 예를 들면 교회에서는 자주 찬송가나 찬양을 부르는 것으로 공적 예배를 시작합니다. 그 외에도 공적 예배를 위해 시각적인 자료나, 교독문 낭독, 신앙 간증, 통성 기도 등이 사용됩니다.

이번 주 교회 예배에 참석해서 여러분 자신을 스스로 관찰해 보십시오. 예배 중에 여러분이 경험하는 느낌과 반응들에 주목하십시오. 나중에 아래 질문들을 사용해 여러분이 경험했던 것을 떠올려 보십시오.

• 여러분이 예배를 드리며 가장 감사했던 것은 무엇입니까? 이유는 무엇입니까?

• 잘 이해가 되지 않았거나 혼란스러웠던 것이 있었습니까?

• 여러분은 예배를 드리는 동안 하나님을 만나기 위해 어떤 노력을 기울였습니까?

• 하나님을 예배하려는 노력에 있어서 여러분이 개선을 하거나 진지함을 더하고 싶은 영역이 있었습니까?

개인학습1

교회를 묘사하는 두 가지 그림

성경의 저자들은 어렵고 복잡한 개념을 독자들이 쉽게 이해할 수 있도록 종종 그림 언어(word picture)를 사용합니다. 교회의 본질과 목적을 이해하기 위해 몇 가지 예를 살펴보도록 하겠습니다.

첫째로, 사도 바울은 교회를 그리스도의 몸으로 간주했습니다.

> 12 몸은 하나인데 많은 지체가 있고 몸의 지체가 많으나 한 몸임과 같이 그리스도도 그러하니라 13 우리가 유대인이나 헬라인이나 종이나 자유인이나 다 한 성령으로 침(세)례를 받아 한 몸이 되었고 또 다 한 성령을 마시게 하셨느니라 14 몸은 한 지체뿐만 아니요 여럿이니 [고린도전서 12:12–14]

• 이 본문에 대한 여러분의 첫 반응은 무엇입니까?

교회를 "몸"으로 생각하는 것은 여러 가지 면에서 도움이 됩니다. 이 비유는 교회의 어느 누구도 다른 사람들보다 더 중요한 것은 아니라는 사실을 상기시켜 줍니다. 교회 지도자들에게 지역교회를 인도하고 교인들을 섬기는 책임이 있다는 것은 사실이지만 말입니다. 보다 넓은 관점에서 볼 때, 예수님은 "교회의 머리"이십니다(엡 5:23). 예수님은 머리시고, 우리는 그분이 말씀하시고, 그분이 원하시는 것을 따라 움직이는 몸입니다.

또한 교회를 "몸"으로 이해하는 것은 우리가 서로를 필요로 하는 존재라는 사실을 일깨워 줍니다. 우리는 평등한 공동체의 일원으로서 한 몸을 이룹니다. 그러므로 몸이 제대로 기능하자면 우리는 함께 일해야 합니다. 사실 우리는 가족처럼 하나가 되어야 하고, 하나님께서 그분의 계획대로 우리를 함께 불러 모으셨다는 사실을 기억해야 합니다.

> 17 만일 온 몸이 눈이면 듣는 곳은 어디며 온 몸이 듣는 곳이면 냄새 맡는 곳은 어디냐 18 그러나 이제 하나님이 그 원하시는 대로 지체를 각각 몸에 두셨으니 [고린도전서 12:17–18]

• 이 본문은 여러분에게 교회의 본질을 이해함에 있어 어떤 도움을 줍니까?

• 이 본문은 교회 내에서 여러분의 위치를 이해하는데 어떤 도움을 줍니까?

둘째로, 사도 베드로는 교회의 본질과 목적을 묘사하기 위해 몇 가지의 그림 언어를 사용했습니다.

• 베드로가 교회를 묘사하는데 사용한 개념들을 찾아 동그라미 쳐보십시오.

> 9 그러나 너희는 택하신 족속이요 왕 같은 제사장들이요 거룩한 나라요 그의 소유가 된 백성이니 이는 너희를 어두운 데서 불러내어 그의 기이한 빛에 들어가게 하신 이의 아름다운 덕을 선포하게 하려 하심이라
> 10 너희가 전에는 백성이 아니더니 이제는 하나님의 백성이요 전에는 긍휼을 얻지 못하였더니 이제는 긍휼을 얻은 자니라 [베드로전서 2:9–10]

고린도전서에서 바울과 마찬가지로 베드로의 교회에 대한 묘사는 예수님을 따르는 자들이 하나의 공동체를 이루게 된다는 점을 우리에게 상기시켜 줍니다. 오늘날 그리스도인들이 여러 교파나 영역으로 나뉘어져 있다는 것은 사실입니다. 또한 우리는 각각 특정 도시나 지방, 그리고 작은 마을에 있는 지역교회에 모입니다. 그러나 우리는 본질적으로 모두 하나님 나라의 백성입니다.

교회의 구성원인 우리는 구별된 백성입니다. 하나의 영적인 나라가 이 땅의 모든 정치적 나라들에 퍼져있다고도 말할 수 있습니다.

이러한 사실은 교회인 우리가 가진 목적을 보여줍니다. "선택된 족속"과 "백성"인 그리스도인은 서로 연결되어 있습니다. 그러므로 우리는 하나님의 "아름다운 덕을 선포하며"(9절), 이 세상을 향한 그분의 뜻을 이루기 위해 함께 일하도록 부르심을 받은 하나님의 백성입니다. 또한 예수님의 제자인 우리는 "긍휼을 입었고", 따라서 긍휼이 필요한 다른 사람들에게 이 메시지를 전해야 할 책임이 있습니다.

다시 말해 예수님의 제자인 우리가 공동체 안에서 함께 누리는 복은 우리로 하여금 하나님을 예배하고, 다른 사람들에게 그분을 전하는 데까지 나아가게 해야 합니다.

• 베드로의 메시지는 여러분이 교회의 사명을 이해하는데 어떤 도움을 주었습니까?

• 이 본문은 교회의 사명에 있어서 여러분이 감당해야 할 역할을 이해하는데 어떤 도움을 주었습니까?

개인학습2

교회가 거행하는 두 가지 의식

교회의 구성원인 우리는 예수님을 따르는 자로 살며 성장해 가는데 도움이 되는 매우 다양한 활동에 참여할 기회를 가집니다. 이러한 활동에는 하나님을 예배하고, 설교를 듣고, 다른 사람들을 섬기며, 우리의 자원을 드리는 것 등이 있습니다. 이러한 활동은 여러모로 예수님을 따르는 우리에게 도움이 됩니다.

그 중에서 우리의 정체성을 기억하는데 도움을 주는 두 개의 특별한 교회의식에 초점을 맞추어 보겠습니다. 첫 번째 의식은 침(세)례식입니다.

> 3 무릇 그리스도 예수와 합하여 침(세)례를 받은 우리는 그의 죽으심과 합하여 침(세)례를 받은 줄을 알지 못하느냐 4 그러므로 우리가 그의 죽으심과 합하여 침(세)례를 받음으로 그와 함께 장사되었나니 이는 아버지의 영광으로 말미암아 그리스도를 죽은 자 가운데서 살리심과 같이 우리로 또한 새 생명 가운데서 행하게 하려 함이라 [로마서 6:3–4]

• 침(세)례라는 단어를 들을 때 떠오르는 생각이나 이미지는 무엇입니까? 이유를 말해보십시오.

침(세)례식은 새롭게 예수님을 따르게 된 제자가 그리스도에 대한 자신의 믿음을 공개적으로 선포하는 의미로 물속에 잠기는 의식입니다. 제자가 물속에 잠기는 것은 그리스도의 희생으로 인해 그가 죄에 대하여 죽었음을 상징하고, 물 밖으로 나오는 것은 예수님을 통해 새로운 피조물과 교회의 일원으로 부활했음을 상징합니다.

다시 말해 침(세)례는 한 사람이 예수님을 따르는 자로 "거듭났다"는 것을 보여주는 공적인 상징이자 선언입니다.

• 다음 성경 본문을 읽고, 성경이 가르치는 침(세)례식과 그 목적에 대해 기록해 보십시오.

마태복음 28:18–20

사도행전 2:37-41
사도행전 8: 26-40

두 번째 의식은 교회의 일원인 우리가 누구인지를 보여주는 성찬식으로, "주의 만찬"이라고 부르기도 하는 의식입니다. 십자가에 달리시기 전 제자들과 함께하는 마지막 만찬 중에 예수님께서는 교회를 위하여 이 의식을 제정해 주셨습니다.

19 또 떡을 가져 감사 기도 하시고 떼어 그들에게 주시며 이르시되 이것은 너희를 위하여 주는 내 몸이라 너희가 이를 행하여 나를 기념하라 하시고 20 저녁 먹은 후에 잔도 그와 같이 하여 이르시되 이 잔은 내 피로 세우는 새 언약이니 곧 너희를 위하여 붓는 것이라 [누가복음 22:19-20]

교회들은 저마다 각기 다른 방식으로 성만찬을 시행합니다. 그러나 기본적인 요소들은 동일합니다. 교회 공동체 안에서, 예수님의 제자들은 우리를 대신해 희생 당하신 예수를 기억하며 먹고 마심으로써 그분의 명령에 순종합니다.

• 과거에 여러분이 경험한 성만찬에 대해 나누어 보십시오.

• 성만찬에 대한 질문이 있습니까?

우리에게 교회의 본질에 대해 말해주기 때문에 성만찬은 매우 중요합니다. 세상과 교회 역사 전반에 걸쳐 예수님의 제자들은 성만찬을 통해 서로 연결되어 왔습니다. 그것은 우리를 하나의 공동체로 연합시킵니다.

동일하게 성만찬은 우리에게 교회의 존재 목적을 떠올려 줍니다. 우리의 죄값을 치르기 위해 예수님께서 죽으셨음을 기억하고 깊이 묵상할 때, 우리는 다른 사람들에게도 그분의 용서가 필요함을 깨닫습니다. 여전히 구원자가 필요한 세상에 복음의 메시지를 전하도록 성만찬이 우리에게 영감을 주는 것입니다.

• 여러분은 침(세)례식과 성찬식에 대해 배웠습니다. 이제 예수님을 따르는 자로서 여러분이 밟아야 할 다음 단계는 무엇입니까?

6과

예수님의 사명에 참여하기

제자들은 그리스도를 알고,
그리스도와 함께 성장하며,
그리스도를 위해 세상에 가라고
부르심을 받았습니다.

시작하기

복습

이전 과에서 살펴본 바와 같이 예수님의 제자로 산다는 것은 매우 개인적인 것이기도 하지만, 동시에 반드시 공적으로 표현되어야 하는 것이기도 합니다. 사람은 공동체를 이루며 살아가도록 지음 받았습니다. 이러한 이유로 예수님을 따르는 사람은 반드시 교회—예수 그리스도를 주인으로 모시고 살아가는 사람들로 구성된 공동체—에 소속되어야 합니다.

Q 이번 주에는 어떤 과제를 하셨습니까? 과제는 어땠습니까?

Q 여러분은 성경을 읽으면서 무엇을 배우고 경험했습니까?

Q 묻고 싶은 질문이 있습니까?

기도

하나님께 기도함으로 이번 과를 시작하십시오. 다음 안내를 따라 기도해 보시기 바랍니다.

- 교회를 세우시고 여러분에게 공동체의 복을 주신 하나님께 감사하십시오.
- 하나님의 사명에 대한 이해와 열정을 여러분에게 주시도록 간구해 보십시오.
- 그리스도의 사명을 완수하기 위해 교회 사역에 동참한다는 것이 의미하는 바를 잘 배울 수 있도록 지혜를 간구하십시오.

도입

"연합군의 육·해·공군 전우 여러분! 이제 여러분은 수개월 간 준비해 왔던 위대한 십자군 원정의 목전에 와 있습니다. 전 세계가 여러분을 지켜보고 있습니다. 자유를 사랑하는 전 세계 시민들의 소망과 기도가 여러분과 함께할 것입니다."

이 글은 제2차 세계 대전 막바지인 1944년 6월 6일 작전 당일, 출전을 명령하며 드와이트 아이젠하워 장군이 한 연설의 시작 부분입니다. 당시 유럽은 추축국(역주-제 2차 세계대전 당시 연합국과 싸웠던 독일, 이탈리아, 일본의 3국)의 억압과 독재의 철장 아래 놓여 있었습니다. 상황은 암울했고, 세상은 갈급했습니다.

감사하게도 우리는 이 이야기의 결과를 알고 있습니다. 노르망디 해변에 상륙한 연합군은 전쟁의 흐름을 완전히 바꾸어 놓았습니다. 1년이 채 되지 않아 유럽에서의 군사작전은 완료되었습니다.

이와 마찬가지로 예수님의 삶과 죽음, 그리고 부활은 인류의 역사를 영원히 바꾸어 놓았습니다. 비록 죄를 물리치기 위해 군대를 사용하신 것은 아니었지만, 예수님은 대신 교회가 시작되게 하셨습니다. 그 이후로 제자들의 숫자는 계속해서 늘어갔고, 이 운동은 계속해서 확산되어 갔습니다.

예수님을 따르는 여러분은 이 운동의 일부입니다. 여러분은 세상을 향하신 그분의 지속적인 사명에 동참하도록 부르심을 받았습니다. 이 사명은 다양한 요소들을 포함하고 있지만, 핵심 과제인 "예수 그리스도의 제자를 삼는 것"으로 요약할 수 있습니다.

Q 교회라 불리는 이 운동의 일원이 된 것에 대해 여러분은 어떤 느낌이 드십니까?

Q 다른 사람들에게 예수님을 전한다는 것에 대해서는 어떤 느낌이 드십니까?

성경관찰

예수님은 세상을 위한 그분의 사명에 대해 자주 언급하셨습니다. 그 중에서 가장 기억할 만한 것은 제자들에게 처음과 마지막으로 주신 말씀과 관련이 있습니다. 첫 번째는 예수님께서 제자들에게 자신을 따르라고 부르셨을 때 하신 말씀입니다.

우리는 이 이야기를 1과에서 이미 살펴본 바가 있습니다. 예수님을 따른다는 말의 의미에 초점을 두고 말입니다. 이제 이 세상을 위한 예수님의 더 큰 사명에 초점을 맞추어 보도록 하겠습니다.

> 18 갈릴리 해변에 다니시다가 두 형제 곧 베드로라 하는 시몬과 그의 형제 안드레가 바다에 그물 던지는 것을 보시니 그들은 어부라 19 말씀하시되 나를 따라오라 내가 너희를 사람을 낚는 어부가 되게 하리라 하시니 20 그들이 곧 그물을 버려 두고 예수를 따르니라. [마태복음 4:18-20]

예수님의 사명은 다음 두 문장으로 요약될 수 있습니다. 곧 "나를 따르라"와 "사람을 낚는 어부가 되라"입니다.

Q 예수님을 따르는 과정에 대해 여러분은 무엇을 알게 되었습니까? 사람을 낚는 과정에 대해서는 어떻습니까?

죽으시고 부활하신 이후에 제자들과 나눈 마지막 대화에서 예수님께서는 자신의 사명을 다시 한 번 확인하시고, 또한 좀 더 발전시키셨습니다.

> 18 예수께서 나아와 말씀하여 이르시되 하늘과 땅의 모든 권세를 내게 주셨으니 19 그러므로 너희는 가서 모든 민족을 제자로 삼아 아버지와 아들과 성령의 이름으로 침(세)례를 베풀고 20 내가 너희에게 분부한 모든 것을 가르쳐 지키게 하라 볼지어다 내가 세상 끝날까지 너희와 항상 함께 있으리라 하시니라 [마태복음 28:18-20]

Ⓠ 이 본문에서 주신 예수님의 명령에 순종해야 한다는 것에 대해 여러분은 어떤 생각을 하게 됩니까? 이유가 무엇입니까?

성경해설

예수님의 새로운 제자가 되었을 때 여러분은 세상을 위한 예수님의 지속적인 사명의 일부가 된 것입니다.

여러분의 사명은 예수님으로부터 나옵니다

마태복음 28:18-20절에 소개된 예수님의 말씀을 사람들은 보통 지상명령(The Great Commission)이라고 부릅니다. 이 말씀은 예수님께서 제자들에게 위임하신 것, 혹은 그들을 보내시며 하라고 명령하신 것을 요약해 줍니다. 또한 예수님께서는 이 사명을 "세상 끝날까지"로 확장하셨습니다(20절). 그러므로 이 사명은 모든 시대, 모든 제자들—물론 여러분—에게도 해당됩니다.

예수님의 새로운 제자가 되었을 때 여러분은 세상을 위한 예수님의 지속적인 사명의 일부가 되었습니다. 더욱이 새로운 제자로서 여러분은 그분의 사명에 동참하도록 부르심을 받았습니다. 더 많은 사람을 그리스도의 제자로 삼는 일 말입니다.

Ⓠ 예수님의 "제자를 삼는다"는 말을 듣게 될 때 어떤 감정이 드십니까? 이유는 무엇입니까?

예수님의 명령은 그분 자신의 권위에 기초하고 있음을 기억해야 합니다. 예수님은 "하늘과 땅의 모든 권세를 내게 주셨으니"라고 말씀 하셨습니다(18절). 다시 말해 예수님은 이 세상에 속한—그리고 그 이상의—모든 것을 주관하시는 분이시며, 모든 사람이 이 사실을 알게 되기를 바라셨습니다.

이 사실이 왜 중요할까요? 사명의 실효성이 그것을 명하는 사람이 누구인지에 달려 있기 때문입니다.

만약에 작전 당일 공격 명령을 내린 것이 일반 사병이었다면, 그의 명령에 아무도 주의를 기울이지 않았을 것입니다. 그러나 명령을 내린 것이 사령관이었기 때문에, 그의 명령에는 무게와 복종을 요구하는 권세가 있었습니다.

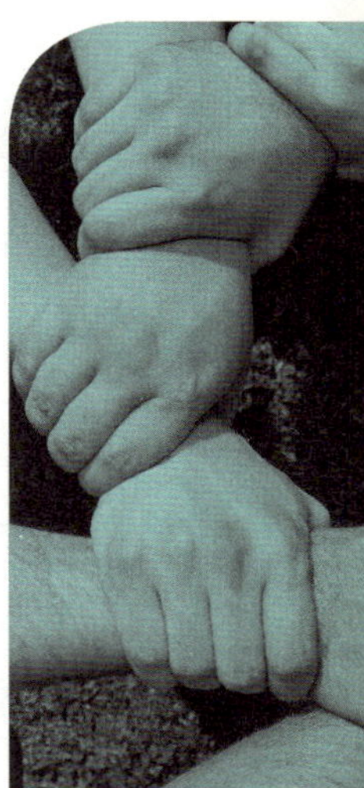

이와 마찬가지로 예수님은 인류 역사상 가장 중요한 분이십니다. 그분의 삶과 죽음, 그리고 부활은 인류 역사에 있어서 핵심적인 사건들입니다. 또한 예수님은 하나님인 동시에 사람이십니다. 그러므로 그분의 말씀은 우리에게 순종을 요구합니다.

Q 권세에 대한 예수님의 주장에 대해 어떻게 생각하십니까?

여러분의 사명은 제자를 삼는 것입니다

제자로서 살아가는 데에는 끝이 없습니다. 인간에게는 자라고 성숙해야 할 여지가 항상 남아 있기 때문입니다.

예수님의 지상명령의 핵심은 "모든 민족을 제자로 삼아"입니다(19절). 우리가 어떻게 그것을 할 수 있을까요? 제자를 삼는다는 것이 도대체 무슨 말입니까? 어디서부터 시작해야하고 무엇을 해야 합니까?

다행히도 예수님께서는 우리가 그의 이름으로 제자를 삼기 위해 따라야 할 실제적인 지침을 세 단계로 소개해 주셨습니다.

• 너희는 가라(Go)

여러분은 제자를 얻는 일에 수동적일 수 없습니다. 예수님께서는 우리로 하여금 가족과 친구에게, 그리고 지역사회와 심지어 전 세계에 다니면서 복음을 전하라고 명하셨습니다.

• 침(세)례를 베풀라(Baptize)

침(세)례를 받는 것은 예수 그리스도에 대한 믿음을 공개적으로 선언하는 행위입니다. 우리의 사명은 사람들로 하여금 죄를 짓지 않게 하거나, 그들을 설득해 교회에

데리고 나가는 것이 아닙니다. 우리의 사명은 예수 그리스도의 복음을 선포하고, 다른 사람들로 하여금 예수님이 주인이심을 고백하도록 돕는 것입니다.

- **가르치라(Teach)**

제자를 삼는 과정은 대화로 끝나는 것이 아닙니다. 어떤 사람이 구원을 받으면 우리는 그에게 예수님께서 명하신 모든 것을 지키라고 가르쳐야 합니다. 다시 말해 우리는 새로운 제자에게 그리스도의 제자로 사는 것이 무엇인지를 가르쳐야 할 책임이 있습니다.

Q 위에 소개된 단계들 중 여러분에게 가장 어려워 보이는 것은 무엇입니까? 그 이유는 무엇입니까?

Q 예수님을 따르는 신앙 여정에서 여러분은 제자됨의 과정을 어떻게 경험했습니까?

예수님을 위해 제자를 삼는 과정을 제자도(Discipleship)라고 부릅니다. 제자도는 과정입니다. 시간이 걸립니다. 사실 제자로서 살아가는 데에는 끝이 없습니다. 인간에게는 자라고 성숙해야 할 여지가 항상 남아 있기 때문입니다.

그러므로 여러분 자신을 기다려 주십시오. 그리고 여러분이 누군가를 제자 삼고자 할 때, 그를 인내하며 기다려 주십시오.

친숙해지기

기회를 마련해 여러분이 구원을 받고, 예수님을 따르기로 했던 간증을 나누어 보십시오. 이러한 개인 간증은 제자를 삼는 가장 효과적인 방법 중 하나입니다. 많은 그리스도인들이 간증을 해야 한다고 생각을 하면 긴장을 합니다. 하지만 간증이 꼭 그렇게 겁나고 끔찍한 것일 필요는 없습니다. 그렇게 주저하지 않아도 괜찮습니다.

다음 질문에 간단하게 이야기하듯 답을 해 보십시오.

Q 예수님을 만나기 전에 여러분의 삶은 어땠습니까?

Q 여러분은 어떻게 예수님을 알고, 따르게 되었습니까?

Q 예수님의 제자가 된 후에 여러분은 어떤 변화를 경험했습니까?

간증을 나누는 것은 여러분 자신에게 뿐만 아니라 여러분의 간증을 듣는 사람들 모두에게 대단한 경험이 될 수 있습니다. 시간이 허락된다면 훈련 삼아 여러분의 간증을 조원들에게 나누어 보십시오. 구원의 복음을 전할 기회가 주어졌을 때를 위해 조원들에게서 여러분의 간증에 대한 어떤 통찰과 피드백을 구하십시오.

기도제목

주간활동

하나님의 말씀을 공부하는 것과는 별도로, 인도자와 함께 다음 번 모임에 참석하기 전까지 하게 될 개인적인 연구와 예배, 그리고 적용을 위한 계획을 세워 보십시오. 시간과 개인적인 선호도를 고려하여 다음에 소개된 선택적 활동 중에서 골라 보시기 바랍니다.

예배

- 성경을 읽으십시오. 107 페이지에 있는 성경읽기표를 완성하십시오.

- 이 세상을 위한 하나님의 사명에 있어서 여러분이 감당해야 할 역할에 대해 기도함으로 하나님과 교제 하십시오. 매일 제자 삼는 일을 도울 수 있는 기회를 보여 달라고 하나님께 간구하십시오

- 108 페이지에 있는 경건 활동에 참여하며 하나님과 함께 시간을 보내십시오.

개인학습

- 109 페이지에 있는 "여러분의 사명은 세상을 위한 것입니다"를 읽고 여러분의 생각을 정리해 보십시오.

- 112 페이지에 있는 "여러분의 사명에는 교회가 필요합니다"를 읽고 여러분의 생각을 정리해 보십시오.

적용

- 한 번 해보십시오. 이번 주에 예수님의 도움을 필요로 하는 한 사람을 찾아가서 여러분의 간증을 나누어 보십시오.

■ 요한복음 14장 6절을 암송하십시오. “예수께서 이르시되 내가 곧 길이요 진리요 생명이니 나로 말미암지 않고는 아버지께로 올 자가 없느니라”

■ 지역사회를 바라보십시오. 여러분이 살고 있는 지역에 어떤 방법으로 복음을 전하면 좋을지 교회의 목사님이나 사역자를 만나 상의해 보십시오.

■ 땅 끝을 바라보십시오. 외국에 복음을 전하기 위해 일하고 있는 개인이나 기관을 찾아보십시오. 한주 내내 그러한 사역에 동참할 수 있는 방법이 있는지 알아보십시오.

■ 기타 :

성경읽기표

이번 주에도 계속해서 마가복음을 읽겠습니다.
여백에는 여러분의 생각과 반응을 적어 보십시오.

1일 마가복음 14:32-52

2일 마가복음 14:53-72

3일 마가복음 15:1-15

4일 마가복음 15:16-32

5일 마가복음 15:33-47

6일 마가복음 16:1-8

7일 마가복음 16:9-20

기도의 사명

또 다른 곳에서 예수님께서는 제자들이 감당해야 할 이 땅에서의 사명에 대해 이렇게 말씀하셨습니다.

> 1 그 후에 주께서 따로 칠십 인을 세우사 친히 가시려는 각 동네와 각 지역으로 둘씩 앞서 보내시며 2 이르시되 추수할 것은 많되 일꾼이 적으니 그러므로 추수하는 주인에게 청하여 추수할 일꾼들을 보내 주소서 하라 [누가복음 10:1-2]

제자 삼으라는 예수님의 명령에 순종하려고 할 때, 여러분이 절대로 잊어서는 안 될 일이 있습니다. 그것은 기도입니다. 사실 기도는 이 사명을 완수하는데 있어서 가장 가치 있고 효과적인 수단 중 하나입니다.

먼저 여러분 주변에 복음을 듣고 구원을 받아야 할 사람들의 명단을 작성하는 시간을 가져보십시오. 되도록 많은 사람들을 떠올려 보십시오. 각 사람의 이름을 적을 때마다, 하나님께서 그를 만나주시고, 그가 예수 그리스도를 통해 구원을 경험할 수 있도록 기도하십시오.

• 나의 전도대상자 명단:

여러분의 사명은 세상을 위한 것입니다

신약성경의 사복음서는 모두 예수님에 관한 이야기입니다. 그리고 사도행전에서는 교회의 탄생과 초기 성장 과정에 관한 이야기를 다룹니다. 그러므로 사도행전에서 교회가 시작될 때, 예수께서 자신의 사명을 제자들에게 다시 한 번 언급하셨다는 사실을 주목해 볼 필요가 있습니다.

> 7 이르시되 때와 시기는 아버지께서 자기의 권한에 두셨으니 너희가 알 바 아니요 8 오직 성령이 너희에게 임하시면 너희가 권능을 받고 예루살렘과 온 유대와 사마리아와 땅 끝까지 이르러 내 증인이 되리라 하시니라 9 이 말씀을 마치시고 그들이 보는데 올려져 가시니 구름이 그를 가리어 보이지 않게 하더라 [사도행전 1:7–9]

• 이 구절은 지상명령과 어떻게 연결되어 있습니까? 100–102 페이지를 보십시오.

예수께서는 제자들이 가서 증인이 되어야 할 곳으로, 세 지역을 특정하셨습니다. 곧 예루살렘과 온 유대와 사마리아, 그리고 땅 끝입니다. 이들 세 지역을 좀 더 자세히 살펴보는 것은 우리가 예수님의 사명을 수행하는데 있어서 도움이 될 것입니다.

첫 번째로 예루살렘은 기본적으로 제자들의 고향이었습니다. 이스라엘의 주요 도시로써 예루살렘은 제자들에게 친숙하고 편안했던 모든 것을 상징합니다. 그들은 예루살렘 근처에서 성장했고, 예루살렘에서 예수님과 함께 사역을 했으며, 예수님이 승천하신 후에는 예루살렘에서 거의 대부분의 시간을 보냈습니다(행 1:4).

오늘날 예수님 제자인 여러분 역시 여러분의 "예루살렘"에서 증인으로 살아가도록 부름을 받았습니다. 다시 말해 예수님의 증인인 여러분이 우선적으로 섬겨야 할 곳은 여러분의 "예루살렘", 곧 여러분이 가장 편안함을 느끼는 곳이어야 합니다. 여러분은 예수님을 따르기로 한 여러분의 선택을 무엇보다 여러분의 가족과 가장 친한 친구들에게 전하도록 부르심을 받았습니다.

• 여러분의 가족과 친구들에게 예수님을 전하는 것에 대해 궁금한 점이 있습니까?

• 마음에 두고 있는 사람들에게 복음을 전할 때 여러분은 어떤 식으로 시작하십니까?

두 번째로 "온 유대와 사마리아"는 예루살렘을 둘러싼 주변 지역입니다. 이곳은 다른 인종과 국적을 가진 사람들이 살던 곳이고, 예수님 당시에 유대인들이 국외자, 혹은 심지어 적으로까지 생각했던 사람들이 살던 곳입니다. 예수께서는 제자들에게 자신들과 같지 않은 사람들에게까지 다가가라고 명령하셨습니다.

이와 마찬가지로 여러분도 여러분이 소속된 곳에서 여러분과는 출신이 다른 사람들을 섬기라고 부르심을 받았습니다. 직장과 이웃, 동네 사람들과, 심지어 여러분이 마주치는 낯선 사람에게까지 여러분은 예수님의 증인이 되도록 부르심을 받았습니다.

• 위의 내용에 대한 여러분의 첫 반응은 무엇입니까?

• 여러분의 이웃과 지역사회에서 의도적으로 예수님을 증언하려면 어떤 계획이 필요할까요?

세 번째로 예수님은 제자들에게 "땅 끝"까지 내 증인이 되라고 명령하셨습니다. 놀랍게도 그들은 순종했습니다. 예수님의 제자들은 교회를 개척했습니다. 그들의 노력으로 교회는 놀라운 속도로 성장했고, 여러 세기 동안 계속해서 확장되어, 세상 구석구석에 예수님의 메시지를 전하게 되었습니다.

예수님의 제자인 여러분은 이러한 교회의 일원입니다. 그러므로 여러분은 땅 끝까지 복음을 전하라는 사명을 상속받았습니다. 여러분이 선교사로 헌신해야 한다는 말이 아닙니다. 다만 이 말은 모든 나라에 복음을 전하는 일에 여러분도 어떤 역할을 감당하도록 부르심을 받았다는 뜻입니다.

• "땅 끝"까지 예수님의 증인이 되어야 한다는 가르침에 대해 질문이 있습니까?

• 예수님의 명령에 순종하기 위해서 여러분이 해야 할 일은 무엇입니까?

개인학습2

여러분의 사명에는 교회가 필요합니다

예수님의 제자인 여러분은 "모든 민족을 제자를 삼으라"는 예수님의 명령을 물려받았습니다(마 28:19). 또한 여러분은 "예루살렘과 온 유대와 사마리아와 땅 끝까지" 이르러 그분의 증인이 되라는 명령을 받았습니다(행 1:8). 이러한 사명 중 어떤 것도 여러분 혼자서는 감당할 수 없습니다. 그러므로 여러분이 지역사회와 더 나아가 온 세상을 향해 나아가기 위해서는 그 일을 가능하게 해줄 수 있는 보다 큰 모임의 일원이 될 필요가 있습니다.

다시 말해 그리스도께 받은 사명을 완수하기 위해서 여러분에게는 교회가 필요합니다.

• 위의 글은 여러분에게 어떤 생각과 느낌이 들게 합니까?

4과에서 보았듯이, 교회는 예수님을 주님으로 섬기는 사람들의 공동체입니다. 우리는 혼자서 그분을 따르는 것이 아닙니다. 우리는 그리스도의 몸에 함께 연결되어 있습니다. 우리 모두는 그 몸 안에서 어떤 특별한 역할을 하게 되는데, 이를 위해서 자주 "은사"라고 불리는 선물을 받습니다. 이 은사를 통해 우리는 효과적으로 우리의 사명을 감당할 수 있습니다.

> 4 우리가 한 몸에 많은 지체를 가졌으나 모든 지체가 같은 기능을 가진 것이 아니니 5 이와 같이 우리 많은 사람이 그리스도 안에서 한 몸이 되어 서로 지체가 되었느니라 6 우리에게 주신 은혜대로 받은 은사가 각각 다르니 혹 예언이면 믿음의 분수대로, 7 혹 섬기는 일이면 섬기는 일로, 혹 가르치는 자면 가르치는 일로, 혹 위로하는 자면 위로하는 일로, 구제하는 자는 성실함으로, 다스리는 자는 부지런함으로, 긍휼을 베푸는 자는 즐거움으로 할 것이니라 [로마서 12:4-8]

• 예수님을 따르는 자로서 여러분이 가진 은사, 재능, 혹은 장기는 무엇입니까?

• 교회의 일원으로서 여러분은 이러한 은사들을 어떻게 사용할 수 있겠습니까?

은사와 관련해서 꼭 기억해야 할 것이 있습니다. 그것은 여러분은 물론이고, 예수님을 따르는 모든 사람은 각자 고유하며, 그분을 섬기기 위해 각자 고유한 은사를 **받는다는** 사실입니다. 이

점을 명심해야 합니다. 주님의 사명을 이루기 위해 예수님의 제자들 모두가 저마다의 역할을 감당할 때, 교회는 가장 건강한 상태가 됩니다.

사도 바울도 이 점을 에베소서에서 말하고자 했습니다.

15 오직 사랑 안에서 참된 것을 하여 범사에 그에게까지 자랄지라 그는 머리니 곧 그리스도라 16 그에게서 온 몸이 각 마디를 통하여 도움을 받음으로 연결되고 결합되어 각 지체의 분량대로 역사하여 그 몸을 자라게 하며 사랑 안에서 스스로 세우느니라 [에베소서 4:15-16]

교회가 일하는 방식에는 일련의 순서가 있습니다. 그리스도의 몸에 있어서 머리는 예수님이십니다. 제자인 우리가 그분께 연결되어 있으면, 우리 각자는 영적으로 건강한 상태를 유지할 수 있습니다. 그리고 주님께서 주신 사명을 완수하고자 우리가 교회 안에서 은사를 사용할 때 교회는 건강해집니다. 역사적으로도 자주 확인되듯이, 건강한 교회는 기적적인 방법으로 세상을 바꿀 수 있습니다.

• 여러분의 지역사회가 교회를 통해 복을 경험하게 된 일을 본 적이 있습니까?

• 세상이 교회를 통해 축복을 받게 된 일을 본 적이 있습니까?

여러분을 향한 하나님의 뜻은 무엇보다 여러분이 예수님을 깊이 그리고 개인적으로 아는 것이고, 하나님과의 교제를 통해 성장하는 것이며, 교회 공동체를 통해 그분의 사명이 이루어질 수 있도록 여러분의 은사를 발휘하는 것입니다.

• 여러분이 예수님의 제자로서 계속 진보를 이루어 가려면 앞으로 어떤 일을 해야 할까요?

요단 사역정신

"그러므로 너희는 가서 모든 민족을 제자로 삼아 아버지와 아들과 성령의 이름으로
침(세)례를 베풀고 내가 너희에게 분부한 모든 것을 가르쳐 지키게 하라
볼지어다 내가 세상 끝날까지 너희와 항상 함께 있으리라 하시니라"

1. For God and Church
   하나님의 영광과 그의 몸 된 교회의 영적 성장과 성숙을 위한 도서를 엄선하여 출판한다.
2. Prayer-focused Ministry
   기획 • 편집 • 제작 • 보급의 전 과정을 기도 가운데 진행한다.
3. Path to Church Growth
   건강한 교회를 세우는 축복의 통로로 섬긴다.
4. Good Stewardship and Professionalism
   선한 청지기와 프로정신으로 문서 사역에 임한다.
5. Creating a Culture of Christianity by Developing Contents
   각종 문화 컨텐츠를 개발함으로 기독교 문화 창달에 기여한다.